SOIXANTE CENTIMES LE VOLUME

BIBLIOTHÈQUE UTILE

LX

HERBERT SPENCER

DE L'ÉDUCATION

INTELLECTUELLE, MORALE ET PHYSIQUE

PARIS

LIBRAIRIE GERMER BAILLIÈRE ET Cᵗ

108, BOULEVARD SAINT-GERMAIN

Au coin de la rue Hautefeuille

DE
L'ÉDUCATION

PAR

HERBERT SPENCER

ÉDITION POPULAIRE

PARIS

LIBRAIRIE GERMER BAILLIÈRE ET Cie

108, BOULEVARD SAINT-GERMAIN

Au coin de la rue Hautefeuille.

PRÉFACE

La Commission instituée au ministère de
l'instruction publique pour dresser un cata-
logue de livres à placer dans les bibliothèques
pédagogiques a pensé qu'aucun ouvrage ne
mériterait mieux que celui-ci d'être signalé
à l'attention des instituteurs. Ce petit volume
n'est pas un traité de pédagogie ; c'est la réunion de quatre articles publiés à une assez
grande distance les uns des autres dans diverses revues anglaises (1). Mais il se trouve
que ces fragments contiennent, sous une forme
vive et originale, l'esquisse d'une philosophie
de l'éducation : l'unité de la pensée y est si

(1) Le premier article, formant le chapitre Ier de l'ouvrage actuel, a paru en juillet 1859 dans la *Westminster
Review* ; le second, en mai 1854, dans la *North British
Review* ; et les deux derniers, en avril 1858 et avril 1859,
dans la *Quarterly Review*. Ce n'est qu'en 1861 que l'auteur a réuni en un volume ces quatre études, et en 1878
qu'a paru la première édition de la traduction française.

forte, la trame des idées si continue, qu'il a suffi de rapprocher ces morceaux épars pour faire un livre digne d'être lu et médité.

L'auteur n'épuise pas le sujet ; on croirait d'abord qu'en si peu de pages il ne pourra que l'effleurer ; mais, aux traces qu'il laisse dans l'esprit, on s'aperçoit vite qu'il est entré fort avant dans l'étude du problème.

C'est le don des penseurs d'éveiller la pensée d'autrui. Spencer est de ceux qu'on n'approche pas en vain. La lecture de son petit livre est une de ces études excitatrices de l'intelligence qui, loin d'accabler l'esprit ou de l'endormir dans le calme de la vérité connue, le stimulent, l'avivent, l'inquiètent, l'obligent à chercher. On a dit de certaines lectures et de certaines sociétés qu'on en sortait meilleur ; l'instituteur ou le père de famille sortira de celle-ci plus apte à penser, plus avide de réflexion et de recueillement, plus pénétré de la grandeur de sa tâche, moins sûr et moins content de soi-même.

Plus d'un reconnaîtra dans telle page de Spencer une expérience qu'il avait faite et qu'un mot de l'auteur vient pour ainsi dire lui expliquer à lui-même. Parfois aussi, la nouveauté, l'imprévu, la forme piquante et paradoxale d'une affirmation ou d'une critique viendra le surprendre et comme le blesser. Il ne faut point s'en alarmer. Il y a beaucoup plus d'affinité qu'on ne le croit entre ce bon sens assaisonné d'humour et notre vieil esprit gaulois. Les instituteurs, pour qui le livre n'a pas été fait, le comprendront et l'aimeront d'autant mieux peut-être que, au lieu d'un professeur, c'est un homme qu'ils y trouveront; ils lui sauront gré de son franc parler, ils l'entendront à demi-mot; puis ils auront le plaisir d'exercer eux aussi leur esprit critique, et n'auront garde de traduire trop docilement en axiomes ce qui dans la pensée même du philosophe est plutôt une incitation à réfléchir qu'une affirmation catégorique.

L'administration, qui désirait pouvoir mettre cet ouvrage à la portée d'un très grand nombre d'instituteurs, a cru devoir, pour y parvenir plus sûrement, alléger le volume de quelques parties consacrées à des sujets fort intéressants sans doute, mais étrangers à l'éducation populaire. Ces coupures, qui ne portent que sur quelques passages du chapitre Ier, relatifs aux langues anciennes, aux beaux-arts, etc., sont indiquées dans le texte.

Cette édition spéciale se distingue encore

de l'édition primitive par une révision scru-
puleuse de la traduction et par l'adjonction de
sommaires et de notes : les sommaires facili-
teront à l'instituteur une analyse méthodique
de la doctrine et la recherche toujours si utile
de l'enchaînement des idées. Les notes sont
destinées, non à commenter ou à discuter les
théories du livre, — c'est un soin qu'on doit
laisser tout entier au lecteur, — mais simplement à éclaircir ce que pouvaient avoir
d'obscur, pour notre public spécial, certaines
allusions, certains noms propres, certains faits
relatifs à la société anglaise.

DE
L'ÉDUCATION

CHAPITRE PREMIER

QUEL SAVOIR A LE PLUS DE PRIX?

SOMMAIRE. — Comme la parure a précédé le vêtement, le goût du brillant l'a emporté en éducation sur celui de l'utile (p. 2). Recherche d'un critérium de la valeur des connaissances (p. 5). Le but de l'éducation doit être de nous préparer pour la vie complète (p. 7). Classification des divers genres d'activité humaine : 1° celle qui a pour objet direct la conservation de l'individu; 2° celle qui concourt indirectement à la conservation de l'individu, en pourvoyant aux besoins de l'existence; 3° celle qui a pour objet le gouvernement et l'éducation de la famille; 4° celle qui assure le maintien de l'ordre social et politique; 5° celle qui est employée à remplir les loisirs de l'existence par la satisfaction des goûts et des sentiments (p. 7-10). 1° L'éducation qui nous prépare au premier genre d'activité, ayant pour objet la conservation de nous-mêmes (p. 11). Importance de la physiologie (p. 12-16). 2° L'éducation qui nous met en état de pourvoir à nos besoins (p. 16). Importance des mathématiques, des sciences physiques et naturelles, de la sociologie (p. 17-27). 3° L'éducation qui prépare au gouvernement de la famille (p. 27). Elle est aujourd'hui complétement nulle (p. 28). Fâcheuses conséquences de cette lacune (p. 28-34). Connaissances nécessaires aux parents (p. 35).

4° L'éducation qui prépare aux fonctions de citoyen (p. 35). Critique de l'enseignement actuel de l'histoire (p. 36); ce que l'enseignement de l'histoire devrait être (p. 37). Importance des diverses sciences pour préparer l'homme à ses fonctions sociales (p. 40).

5° L'éducation littéraire et artistique (p. 41). La culture esthétique étant un objet de luxe, on ne doit pas lui sacrifier l'acquisition des connaissances plus immédiatement utiles (p. 42). D'ailleurs, l'étude des sciences prépare à mieux comprendre les arts (p. 43). Valeur de la science comme discipline intellectuelle et morale (p. 46).

La science dans ses rapports avec le sentiment religieux (p. 48).

Conclusion : La science est le savoir le plus utile (p. 49-50).

On a remarqué avec justesse que, dans le cours des temps, la parure précède le vêtement. Les peuplades qui se soumettent à de vives souffrances pour s'orner de superbes tatouages, supportent des températures excessives sans beaucoup chercher à les modérer. Humboldt dit qu'un Indien orénoque, qui ne s'inquiète guère du bien-être physique, travaillera pendant quinze jours pour se procurer les couleurs grâce auxquelles il compte se faire admirer, et que la même femme qui n'hésiterait pas à sortir de sa cabane sans l'ombre d'un vêtement, n'oserait pas commettre une aussi grave infraction au décorum que celle de se montrer sans être peinte. Les voyageurs constatent toujours qu'auprès des tribus sauvages la verroterie et les colifichets ont cent fois plus de succès que les cotonnades ou le gros drap. Toutes les anecdotes sur la manière grotesque dont les sauvages s'affublent avec les chemises et les habits qu'on leur donne, montrent à quel point l'idée de la parure domine celle du vêtement. Il y a encore des exemples plus concluants, témoin le fait suivant, raconté par le capitaine Speke (1) : quand il faisait beau, les Africains de sa suite se pavanaient fièrement dans leur manteau de peau de chèvre ; mais, à la moindre humidité, ils l'ôtaient prestement, pour le plier avec soin, et ils restaient à grelotter, tout nus, sous la pluie ! Ce que nous savons de la vie primitive semble indiquer que le vêtement est réellement dérivé de la parure. Nous avons d'autant plus de raison d'admettre cette origine que, même parmi nous, beaucoup de gens s'inquiètent bien plus du luxe que du confort, de l'élégance que de la commodité, de la tournure que leur donnent leurs habits que des services qu'ils leur rendent.

Il est curieux de constater que la même corrélation existe dans la sphère intellectuelle. Pour l'esprit, comme pour le corps, l'utile cède le pas au décoratif. Actuellement, comme autrefois, la science appliquée au bien-être est placée au second rang, après les arts qui font briller. Dans les écoles grecques, on apprenait principalement la musique, la poésie, la rhétorique et une philosophie qui n'eut, jusqu'à l'enseignement de Socrate, que peu d'influence sur les actions des hommes ; le savoir appliqué aux arts industriels occupait un rang très inférieur. La même antithèse existe encore à présent dans nos universités, dans nos écoles. Les hommes façonnent l'esprit de leurs enfants comme ils habillent leur corps, suivant la mode dominante.....

Ce parallèle est encore plus exact à l'égard de l'autre sexe. En ce qui touche le corps et l'esprit, l'élément décoratif a continué à prédominer chez les femmes à un plus haut degré que chez les hommes. Dans l'origine, l'ornement de la personne préoccu-

(1) Célèbre explorateur anglais, mort en 1864. C'est à lui et à son compagnon de voyage Grant qu'on doit la découverte des sources du Nil.

pait également les deux sexes. Avec le développement de la civilisation, le sentiment du bien-être a pris le premier rang en ce qui concerne l'habillement des hommes. De même, leur éducation a, depuis peu, été dirigée plutôt dans le sens de l'utile que dans celui de l'agréable. Mais, pour les femmes, ce changement n'a pas suivi la même progression, ni sur un point, ni sur l'autre. Le désir d'exciter l'admiration surpasse chez les femmes celui d'avoir des habits chauds et commodes; les pendants d'oreilles, les bagues, les bracelets qu'elles portent, leurs coiffures compliquées, le fard qu'elles mettent, les peines énormes qu'elles se donnent pour avoir des toilettes qui attirent l'attention, la gêne qu'elles s'imposent pour suivre la mode, sont autant de preuves à l'appui de notre dire. De même, dans leur éducation, la prépondérance considérable accordée aux « talents » démontre encore combien l'utile disparaît chez elles devant le besoin de briller. Quelle place immense donnée à la danse, à la manière de se tenir dans le monde, au piano, au chant, au dessin ! Pourquoi leur apprend-on l'italien, l'allemand ? La raison véritable, cachée sous tous les faux prétextes qu'on vous donnera, c'est que la connaissance de ces deux langues passe pour nécessaire à une femme du monde. Et cela, non parce que les livres écrits dans ces idiomes peuvent lui être de quelque utilité, — ils n'en ont guère pour elle, — mais parce qu'elle pourra chanter en italien, en allemand, et que le degré de perfection avec lequel on exécute ces exercices attire des succès et des murmures d'admiration. On bourre la mémoire d'une femme de dates de naissances, de morts, de mariages royaux, et d'autres niaiseries historiques du même genre, non parce qu'il peut quelquefois être utile de les connaître, mais bien parce que le monde regarde ce genre d'instruction comme faisant partie d'une bonne éducation ; ignorer ces choses exposerait au dédain d'autrui. La lecture, l'écriture, l'orthographe, la grammaire, l'arithmétique, la couture, voilà presque les seules connaissances qu'on fasse acquérir aux jeunes filles en vue de leur utilité dans la vie pratique ; et encore plusieurs de ces choses leur sont-elles enseignées plutôt par égard pour l'opinion d'autrui que pour leur avantage personnel.....

Si l'on désire une preuve plus évidente encore du caractère primitif et incomplet de notre genre d'éducation, nous ferons remarquer combien la valeur comparative des différentes connaissances a été peu étudiée et discutée d'une manière méthodique et en vue de conclusions définies. On n'a pas encore adopté de critérium pour ce genre d'appréciation ; on n'a pas même conçu avec clarté l'existence d'un pareil critérium ; à peine en a-t-on senti la nécessité. On lit des livres sur tel sujet, on va entendre des conférences sur tel autre ; on décide de faire enseigner à ses enfants telles connaissances plutôt que telles autres ; et le tout sans autre guide que la routine, le préjugé, ou un goût particulier : on ne songe jamais combien il serait important de déterminer d'abord d'une façon à peu près rationnelle quelles sont les choses méritant réellement d'être apprises. Jusqu'à quel point telle ou telle branche d'instruction justifiera-t-elle la dépense de temps exigée pour l'acquérir ? N'y a-t-il pas des choses plus nécessaires à savoir, auxquelles il serait préférable de consacrer ce même temps ? Ce sont là des questions que l'on ne se pose guère, ou qu'on s'empresse de résoudre d'une manière sommaire et suivant des préférences personnelles.

La question importante, selon nous, n'est pas de savoir si tel ou tel genre de connaissance a quelque valeur, mais quelle est sa valeur *relative*. On s'imagine justifier complètement sa manière de voir, quand on cite un certain nombre d'avantages ac-

quis par un genre déterminé d'étude. On oublie entièrement que le point en litige est de savoir si ces
avantages sont proportionnés aux peines qu'ils ont
coûté pour les acquérir. Il n'est peut-être aucun objet,
parmi ceux auxquels les hommes peuvent consacrer leur attention, qui n'ait un certain degré d'utilité. Une année bien employée à étudier l'art héraldique donnerait probablement quelques notions sur
les mœurs et les coutumes d'autrefois. Tel individu
qui connaîtrait les distances existant entre toutes
les villes d'Angleterre, pourrait un jour tirer parti
de l'un ou l'autre des mille faits qu'il aurait appris,
s'il avait, par exemple, un plan de voyage à préparer. Celui qui recueillerait tous les commérages
d'une province trouverait peut-être, dans cette occupation fort oiseuse assurément, l'occasion de contribuer à la constatation d'un fait utile, en notant,
par exemple, un cas d'atavisme curieux. Chacun
admettra pourtant que le profit ne serait pas proportionné à la peine. On trouverait certes absurde
de proposer à un jeune homme d'occuper plusieurs
années de sa vie à acquérir de semblables notions,
au lieu d'apprendre d'autres choses beaucoup plus
utiles. Or, puisque nous réglons ici notre jugement
sur la valeur relative des connaissances, le même
criterium ne doit-il pas être appliqué toujours et
partout ? Si le temps ne nous manquait pas pour
embrasser toutes les sciences, il nous serait permis
de ne pas choisir. La vieille chanson ne dit-elle pas

 Si l'homme était assuré
 Que ses jours dussent durer
 Comme jadis, un millier d'années,
 Que de choses il pourrait apprendre !
 Que de travaux il pourrait accomplir !
 Sans hâte, comme sans souci.

Mais nous, dont la vie n'est que d'un moment,
nous ne devons pas oublier que nous avons peu de

temps pour nous instruire. Ce temps est encore raccourci par les mille occupations de la vie ; on doit donc tâcher de l'employer de la manière la plus avantageuse.

. . . .

Comment doit-on vivre? Pour nous, c'est la question essentielle. Et il ne s'agit pas ici seulement de la vie matérielle, mais de la vie dans son sens le plus étendu. Le problème général comprenant tous les autres est celui-ci : Quelle est la véritable ligne de conduite à suivre dans toutes les situations, dans toutes les circonstances de la vie? Comment traiter le corps? Comment diriger l'intelligence? Comment gouverner ses affaires? De quelle façon doit-on élever sa famille? Comment faut-il remplir ses devoirs de citoyen? De quelle façon faut-il utiliser toutes les sources de bonheur que la nature a données à l'homme? Quelle est la meilleure manière d'employer toutes nos facultés pour notre plus grand bien et pour celui d'autrui? Comment enfin vivre d'une vie complète? Et, ceci étant la grande chose nécessaire qu'il nous importe d'apprendre, c'est aussi la grande chose que l'éducation doit enseigner. Nous préparer pour la vie complète, tel est le but de l'éducation ; et la seule manière rationnelle de juger un système d'éducation, c'est de savoir à quel degré il remplit ce but.....

La première chose à faire est évidemment de classer, d'après leur importance, les principaux genres d'activités qui constituent la vie humaine. Ils se divisent tout naturellement ainsi : 1º l'activité qui a pour objet direct la conservation de l'individu ; 2º celle qui, en pourvoyant aux besoins de son existence, contribue indirectement à sa conservation ; 3º l'activité qui a pour objet l'entretien et l'éducation de la famille ; 4º celle qui assure le maintien de l'ordre social et politique ; 5º l'activité de genre varié employée à remplir les loisirs de l'existence par la satisfaction des goûts et des sentiments.

Tel est, à peu près, leur ordre hiérarchique; inutile de le démontrer longuement. Il est de toute évidence qu'en premier lieu viennent les actions et les précautions à l'aide desquelles nous assurons incessamment notre sécurité personnelle. Qu'on se figure un individu aussi ignorant qu'un petit enfant à l'égard des objets environnants et des mouvements des êtres qui l'entourent, ne sachant comment se guider parmi eux et se garantir du danger; cet individu serait sûr de perdre la vie la première fois qu'il irait seul dans la rue, malgré toutes les notions qu'il pourrait posséder sur d'autres sujets. On doit donc admettre que les connaissances les plus immédiatement nécessaires sont celles qui garantissent directement la conservation de l'individu, puisque cette ignorance lui serait plus fatale que toute autre.

On ne saurait nier non plus que le second rang n'appartienne à la conservation indirecte de l'individu, c'est-à-dire aux moyens d'assurer son existence. Évidemment, l'obligation de pourvoir à son propre entretien doit passer avant les devoirs de la famille, puisqu'il n'est généralement possible de s'acquitter de ceux-ci qu'après avoir rempli cette première condition. La possibilité de pourvoir à son propre entretien devant précéder celle de pourvoir à l'entretien d'une famille, les connaissances nécessaires à acquérir pour se conserver soi-même sont plus indispensables que celles qui permettront d'assurer le bien-être de la famille future.

Comme, dans le développement successif de la société, la famille a précédé l'État; qu'on a élevé des enfants avant l'existence de l'État, et qu'on peut en élever après sa destruction; que celui-ci ne saurait se passer d'eux pour exister; il s'ensuit que les devoirs du père de famille ont une importance supérieure à ceux du citoyen. Puisque la valeur et la force d'une société dépendent en dernier ressort du caractère des citoyens qui la forment, et puisque l'éducation est le moyen le plus certain d'influer sur leur caractère, il en résulte naturellement que la prospérité de la société est fondée sur celle de la famille. La science qui concourt le plus directement au développement de cette dernière doit donc prendre le pas sur celle qui assure l'existence de la première.

Les nombreux arts d'agrément qui remplissent les loisirs laissés par de plus graves travaux, tels que la poésie, la musique, la peinture, ne sauraient exister sans l'organisation préalable d'une société constituée ; non seulement ils ne peuvent atteindre à un haut degré de perfection qu'au sein d'une organisation sociale déjà ancienne, mais ils prennent leur source principale dans les sentiments sociaux et de sympathie générale. Non-seulement la société établie facilite leur développement, mais c'est elle qui alimente continuellement les idées et les sentiments qu'ils expriment. [En matière d'éducation, ce qui peut contribuer à former le bon citoyen a donc plus d'importance que ce qui peut servir à acquérir des talents et à satisfaire le goût.]

Voici donc, nous le répétons, ce qu'on peut appeler l'ordre rationnel de cette hiérarchie : l'éducation qui a en vue la conservation directe de l'individu ; celle qui lui enseigne à pourvoir à son entretien ; l'éducation qui lui apprend à élever sa famille ; celle qui forme le bon citoyen ; celle enfin qui permet de jouir des divers raffinements de la vie. Nous ne saurions nier que ces différentes branches d'éducation ne soient liées si étroitement, qu'il est impossible de cultiver l'une sans s'occuper en quelque mesure de toutes les autres. Nous ne mettons pas non plus en doute que chaque division ne renferme des parties plus importantes que d'autres existant dans les divisions précédentes : que, par exemple, un homme très habile en affaires, mais peu doué quant au reste, ne soit plus éloigné de l'idéal de la vie complète que tel autre moins habile à gagner de l'argent, mais possédant beaucoup de jugement comme chef de famille ; que, de même, une connaissance approfondie de la science politique et sociale, jointe à une absence complète de culture littéraire et artistique, ne soit moins désirable qu'une moindre proportion de cette science accompagnée de quelques notions des lettres et des beaux-arts. Les grandes divisions que nous avons établies subsistent malgré ces légères restrictions ; elles se subordonnent les unes aux autres suivant l'ordre précédemment indiqué, et cela parce que les divisions correspondantes de la vie réelle se rendent mutuellement *possibles* dans ce même ordre.

Naturellement, l'idéal de l'éducation serait d'obtenir une préparation complète dans toutes ces divisions. L'état de notre civilisation actuelle ne permettant guère d'atteindre cet idéal, il faut se contenter de maintenir une juste proportion entre les différents degrés de préparation à chacune des divisions de l'activité humaine. Ne cherchons pas à développer exclusivement un ordre de connaissances aux dépens des autres, quelque important qu'il puisse être ; portons notre attention sur tous, proportionnons nos efforts à leur valeur relative. Il faut excepter cependant les cas où des aptitudes particulières font que l'on se consacre avec raison à une science spéciale, qui devient un gagne-pain. Mais pour la moyenne des hommes, le but à se proposer est une éducation qui approche le plus de la perfection dans les choses les plus essentielles à la vie complète, et qui s'en approche de moins en moins dans celles qui ont de moins en moins d'influence sur la vie complète.....

Cette partie si importante de notre éducation, qui a pour objet de pourvoir directement à la conservation de nous-mêmes , est heureusement assurée d'avance. Comme elle était trop importante pour être abandonnée à notre légèreté, c'est la nature qui s'en est chargée. Chez l'enfant encore aux bras de sa nourrice, qui se cache la figure et pleure à la vue d'un étranger, on voit poindre l'instinct de la conservation qui le porte à fuir ce qui est inconnu et peut être dangereux. Quand il sait marcher, la terreur qu'il éprouve à l'approche d'un chien non familier, les cris perçants avec lesquels il court vers sa mère en voyant quelque chose d'inattendu, nous montrent cet instinct déjà plus développé. De plus, il est principalement occupé heure par heure à acquérir les connaissances qui servent à la préservation directe de soi-même. Il ne cesse d'apprendre comment il doit tenir son corps en équilibre, en surveiller les mouvements, afin d'éviter des chocs; quels objets sont durs et lui feront mal s'il s'y heurte, lesquels sont lourds et le blesseront s'ils tombent sur ses membres; quelles sont les choses qui supporteront le poids de son corps et quelles sont celles qui ne le supporteront pas ; la douleur causée par le feu, par les projectiles, par des instruments tranchants : tel est, avec beaucoup d'autres éléments d'information utiles pour éviter la mort ou les accidents, l'objet continuel de son étude. Enfin, lorsque, quelques années plus tard, les forces se dépensent à courir, à grimper, à sauter dans des jeux de force ou d'adresse, nous voyons dans toutes ces actions, par lesquelles les muscles se développent, les perceptions s'aiguisent, le jugement devient plus prompt, une préparation à savoir conduire le corps au milieu des objets qui l'entourent, et à éviter les dangers qui s'offrent à tout le monde dans la vie. La nature ayant ainsi, comme nous l'avons dit, pris si grand soin de nous

instruire, nous n'avons pas à nous occuper beaucoup de cette éducation fondamentale. Notre rôle
principal est de veiller à ce qu'il soit laissé à l'enfant liberté entière d'acquérir cette expérience et
de recevoir cet enseignement, à ce que la nature
ne soit pas contrariée, ainsi qu'elle l'est par d'absurdes maîtresses d'école qui empêchent communément les jeunes filles confiées à leurs soins de se
livrer à la spontanéité de leur activité physique,
comme celles-ci aimeraient à le faire, et qui les rendent ainsi relativement incapables de se garder
elles-mêmes en cas de danger.)

Ce n'est pas là pourtant, à beaucoup près, tout ce
que comprend l'éducation qui doit préparer à la
préservation directe de soi-même. Outre que le
corps doit être défendu contre tout ce qui peut
endommager ou détruire mécaniquement notre
organisme, il faut qu'il soit protégé contre les conséquences des infractions à la loi physiologique,
conséquences qui sont la maladie ou la mort. (Pour
arriver à la vie complète, il est non seulement nécessaire de prévenir les annihilations soudaines de
la vie, mais il faut encore échapper aux affaiblisse-
ments et aux lentes annihilations que nos mauvaises
habitudes amènent.) Comme, sans la santé et la
vigueur, toute espèce d'activité, personnelle, paternelle, sociale, etc., devient plus ou moins impossible, il est clair que ce second genre de préservation directe de soi-même n'est guère moins important que le premier, et que le savoir tendant à
l'assurer doit être placé à un rang très élevé.

Il est vrai qu'ici encore nous sommes en quelque
sorte pourvus d'un guide; au moyen de nos sensations physiques et de nos désirs, la nature s'est
assuré une soumission relative à ses principales
exigences. Heureusement pour nous, le manque de
nourriture, la grande chaleur, le froid excessif,
produisent des avertissements trop impérieux pour

que nous n'en tenions pas compte; et, si les hommes
obéissaient habituellement à ces avertissements et
à d'autres semblables au premier appel, ils n'auraient relativement que peu de maux à redouter.
Si la fatigue du corps ou du cerveau était invariablement suivie de cessation de travail, si l'oppression
produite par une atmosphère renfermée engageait
toujours à opérer la ventilation nécessaire, si l'on
ne mangeait pas sans faim, si l'on ne buvait pas
sans soif, l'organisme serait rarement hors d'état
de fonctionner. Mais il y a en cela une si profonde
ignorance des lois de la vie, que les hommes ne
savent même pas que leurs sensations sont leurs
guides naturels, leurs guides les plus dignes de
confiance, lorsqu'ils ne les ont pas rendues mor-
bides par une désobéissance persistante. Ainsi, bien
que la nature, pour parler le langage de la téléologie (1), nous ait pourvus de gardiens vigilants de notre
santé, notre manque de savoir les rend en grande
partie inutiles.

Si quelqu'un doute de l'importance qu'il y a pour
nous à être familiarisés avec les principes de la physiologie, comme moyen d'arriver à la vie complète,
qu'il regarde autour de lui, et qu'il voie combien il
pourra trouver d'hommes et de femmes dans l'âge
moyen de la vie, ou dans un âge avancé, qui soient
complètement bien portants. Ce n'est que par exception que nous rencontrons un exemple d'une vigoureuse santé conservée dans la vieillesse; à toute
heure, au contraire, nous avons sous les yeux des
cas de maladies aiguës, de maladies chroniques,

(1) La *téléologie*, ou étude des causes finales, est la
partie de l'ancienne métaphysique consacrée à la recherche des fins en vue desquelles, selon l'hypothèse
d'Aristote et de ceux qui l'ont suivi, la nature a com-
biné tel ou tel arrangement; dans ce cas spécial, par
exemple, il s'agit des fins pour lesquelles nos organes
et nos sensations nous ont été donnés.

d'affaiblissement général, de décrépitude prématurée. Il n'est peut-être personne qui n'avoue, si
vous l'interrogez, qu'il s'est, dans le cours de sa
vie, attiré des maladies dont la plus simple notion
de physiologie l'aurait préservé. Ici, c'est une maladie de cœur, conséquence d'une fièvre rhumatis-
male amenée par une imprudence; là, c'est une vue
perdue pour la vie par un excès d'étude. Hier, il
était question d'une personne dont la persistante
claudication provient de ce qu'en dépit de la douleur elle a continué à se servir d'un genou légèrement blessé. Aujourd'hui, on nous parle d'une
autre personne qui a dû rester couchée pendant des
années, parce qu'elle ignorait que les palpitations
dont elle souffrait étaient un des effets de la fatigue
de son cerveau. Tantôt c'est une blessure incurable
qui provient de quelque sot tour de force; tantôt
c'est une constitution qui ne s'est jamais relevée des
suites d'un travail excessif entrepris sans nécessité.
Pendant ce temps, nous voyons de tous côtés les
perpétuelles indispositions qui accompagnent la faiblesse. Ne nous arrêtons pas sur la souffrance, la
lassitude, le chagrin, les pertes de temps et d'argent qui pèsent de cette manière sur nous; consi-
dérons seulement combien la mauvaise santé met
obstacle à tous nos devoirs : elle rend souvent im-
possibles, et toujours plus difficiles, les occupations
qui doivent nous permettre de subvenir à notre entretien personnel; elle produit une irritabilité fatale à
la bonne direction des enfants; elle fait de l'accomplissement des fonctions de citoyen une impossibilité, et de ce qui devrait nous récréer, une fatigue.
N'est-il pas évident que les péchés contre l'ordre
physique, tant ceux de nos ancêtres que les nôtres,
en altérant la santé, diminuent plus que toute autre
chose la vie complète, et que, dans une large mesure, ils font de la vie une infirmité et un fardeau
au lieu d'un bienfait et d'une jouissance?

Ce n'est pas tout. Outre que la vie est ainsi considérablement détériorée, elle est encore raccourcie. Il n'est pas vrai, comme on le suppose, qu'après un dérangement ou une maladie dont nous guérissons nous soyons comme auparavant. Il n'y a pas de trouble fonctionnel qui puisse passer en laissant les choses exactement telles qu'elles étaient. L'organisme a reçu une atteinte permanente ; il se peut qu'elle ne soit pas immédiatement appréciable, mais elle existe, et, ajoutée à d'autres *item* du même genre, que la nature n'oublie jamais d'inscrire dans le compte rigoureux qu'elle tient, cette atteinte influera sur nous, jusqu'à ce que, inévitablement, elle abrège notre vie. C'est par l'accumulation des petites atteintes que les constitutions sont ordinairement minées et détruites bien avant le temps. Si nous avons présent à l'esprit combien le terme moyen de la vie tombe au-dessous de la durée possible, nous pouvons nous rendre compte de l'immense étendue de la perte. Si, aux pertes partielles de vitalité que produit la mauvaise santé, nous ajoutons la perte finale, causée par la mort prématurée, nous voyons qu'ordinairement une moitié de la vie est jetée par-dessus bord. Par conséquent, la science qui concourt à la préservation directe de soi-même, en empêchant la perte de la santé, est de la première importance. Nous ne prétendons pas que la possession d'une pareille science remédierait complètement et en tout cas au mal. Il est évident que, dans la période actuelle de notre civilisation, leurs besoins obligent souvent les hommes à transgresser la loi. De plus, il est clair que, même en l'absence d'une pareille nécessité, leur inclination les entraînerait souvent, malgré leurs convictions, à sacrifier un bien futur à une satisfaction immédiate. Mais nous prétendons qu'une connaissance convenable de ce qui touche à cette matière, produirait des résultats considérables ;

et nous ajoutons que, puisque les lois de la santé doivent être reconnues avant d'être pleinement obéies,
une manière de vivre plus conforme à la raison ne
pourra s'établir que lorsque la connaissance des
principes de l'hygiène l'aura précédée et préparée.
Nous en concluons que, si une vigoureuse santé et
l'énergie morale qui l'accompagne sont pour l'homme
les premiers éléments de bonheur, l'enseignement
qui a pour objet la conservation de cette santé ne
le cède à aucun autre. Aussi affirmons-nous qu'un
cours de physiologie suffisamment complet pour
conduire à l'intelligence des vérités générales de
cette science, et pour nous enseigner à en tenir
compte dans la vie journalière, forme une partie
indispensable d'une éducation rationnelle.....

Nous n'avons pas besoin d'insister sur la valeur
du genre de savoir qui concourt indirectement à la
conservation de l'individu, en lui fournissant les
moyens de gagner sa subsistance. Tout le monde est
d'accord sur ce point, et le grand nombre le con-
sidère même, trop exclusivement peut-être, comme
le but de l'éducation. Mais quoiqu'on admette, en théorie, que l'instruction qui rend les jeunes gens aptes
à gagner leur vie est d'une importance capitale, à
peine quelques personnes s'enquièrent-elles de savoir quel genre d'instruction développera chez eux
cette aptitude.

A la vérité, la lecture, l'écriture et l'arithmétique
sont enseignées avec une intelligente appréciation de
leur utilité. Mais c'est tout. Tandis que la plus grande
partie de ce qu'on apprend n'a pas trait à l'activité
de laquelle dépend l'entretien personnel de l'individu,
on néglige une immense quantité de connaissances
qui ont directement trait à cette activité.

En effet, à part quelques classes peu nombreuses,
à quoi les hommes sont-ils employés ? Ils sont employés à la production, à la préparation et à la dis-

tribution des objets d'utilité. Et de quoi dépend le
succès dans la production, la préparation et la distribution de ces objets d'utilité? Il dépend de l'emploi de méthodes adaptées à la nature spéciale de
chacun de ces objets, de la connaissance exacte de
leurs propriétés physiques, chimiques ou biologiques,
selon le cas ; en un mot, il dépend de la science.

Cette branche du savoir, qui est en grande partie négligée dans nos cours scolaires, est celle sur laquelle
se fonde la réalisation des progrès qui rendent possible la vie civilisée. Bien que ce soit là une vérité indiscutable, il semble qu'on n'en ait pas réellement conscience ; c'est précisément parce qu'on y est habitué
qu'on n'y songe pas. Aussi, pour donner à notre ar-
gumentation toute la force qui lui appartient, devons-nous chercher à rendre cette vérité bien sensible
au lecteur, en passant rapidement les faits en revue.

Laissons de côté la plus abstraite des sciences, la
logique, guide nécessaire cependant, duquel dépendent, qu'ils s'en rendent compte ou non, pour la
justesse de leurs prévisions, le grand producteur
et le grand négociant, et prenons d'abord les mathématiques. Cette science, en tant que science des
nombres, dirige toutes les activités industrielles, qu'il
s'agisse de déterminer des opérations, de dresser
des estimations, d'acheter, de vendre des denrées,
ou de tenir des comptes. Il n'est pas besoin que
nous fassions ressortir aux yeux de personne l'importance de cette branche des sciences abstraites.

Pour les arts de construction, il est indispensable
d'avoir quelques connaissances dans la branche spéciale des mathématiques qui s'y applique. Le char-
pentier de village qui dresse le plan de son travail
selon des règles empiriques, aussi bien que le constructeur d'un *Britannia bridge* (1), fait des applica-

(1) C'est le nom du fameux pont tubulaire, construit
en 1850 par Stephenson, qui relie l'île d'Anglesey à la
rive du pays de Galles.

tions continuelles des lois de la science de l'espace.
L'arpenteur qui mesure la terre achetée, l'architecte
qui fait le plan de l'habitation qu'on veut y bâtir,
l'entrepreneur qui pose les fondations, le maçon qui
taille les pierres, les divers artisans qui ajustent les
parties de l'édifice, sont tous guidés par des vérités
géométriques.

La construction des chemins de fer est réglée,
depuis le commencement jusqu'à la fin, par la géométrie : préparation des plans et coupes, tracés des
lignes, mesure des tranchées et des talus, plans et
constructions de ponts, d'aqueducs, de viaducs, de
tunnels et de stations. Il en est de même des ports,
docks, jetées, et des différents travaux de l'ingénieur ou de l'architecte, qui s'étendent le long des
côtes, ou couvrent le pays, non seulement à sa
surface, mais jusque dans les mines et les profondeurs du sol. De nos jours, le fermier lui-même
se sert du niveau pour poser convenablement ses
tuyaux de drainage, c'est-à-dire qu'il a recours aux
principes de la géométrie.

Viennent maintenant les sciences abstraites-concrètes (1). Le succès de l'industrie moderne dépend de l'application de la plus simple d'entre
elles, la mécanique. Les propriétés du levier, du
treuil sont utilisées dans toute machine, et c'est
à l'usage des machines qu'aujourd'hui nous devons
tous les produits. Suivez l'histoire d'un petit pain. Le
sol d'où il est sorti a été drainé au moyen de tuyaux
en terre faits à la mécanique ; la surface de ce sol
a été retournée par une machine ; le froment a été
fauché, battu et vanné par des machines ; c'est à la

(1) Sous le nom de sciences *abstraites-concrètes*, M. Herbert Spencer désigne la mécanique, la physique et la
chimie, qui forment, dans la classification adoptée par
lui, la transition entre les sciences *abstraites* (mathématiques) et les sciences *concrètes* (astronomie, géologie, biologie, sociologie).

machine qu'il a été bluté, moulu ; et, si la farine
avait été expédiée à Gosport (1), elle aurait pu être
transformée en biscuits au moyen de machines.
Regardez autour de vous dans la chambre où vous
êtes. Si elle est de construction moderne, il est
probable que les briques de ses murs ont été fabriquées par des machines ; que le plancher en a été
scié et raboté par des machines ; que par des machines encore le manteau de la cheminée a été
scié et poli, les papiers de tenture fabriqués et
imprimés. Le placage de la table, les pieds tournés
des chaises, le tapis, les rideaux, tout cela est le
produit de la machine. L'étoffe de votre vêtement,
unie, façonnée, ou imprimée, n'est-elle pas complètement tissée, peut-être même cousue, au moyen
de la machine ? Et le volume que vous lisez, est-ce
que ses feuilles n'ont pas été fabriquées par une
machine, et couvertes par une autre machine des
mots que voici ? Ajoutez à cela que les moyens de
distribution des denrées, par terre et par mer, sont
de même dus aux machines. Et maintenant observez que le succès ou l'insuccès de toute industrie
dépend de ce que la science mécanique est bien ou
mal appliquée. L'ingénieur qui commet une erreur
en calculant la puissance des matériaux qu'il emploie, construit un pont qui s'effondre. Le manufacturier qui se sert d'une mauvaise machine, ne peut
pas faire concurrence à un autre manufacturier
dont la machine perd moins de force par le frotte-
ment et l'inertie. Le constructeur de navires qui
s'en tient à l'ancien modèle est distancé par un
autre qui construit conformément au principe reconnu en mécanique de la ligne de flottaison. Or,
comme l'aptitude d'une nation à soutenir la concurrence des autres nations dépend de l'activité et

____

(1) Gosport, près de Portsmouth, où se trouve une
grande manufacture de biscuits pour la marine.

de l'habileté des individus qui la composent, il s'ensuit que l'état, chez elle, de la science mécanique, peut changer la destinée du pays.

Elevons-nous maintenant, de celles des branches de la science abstraite-concrète qui s'occupent des forces mécaniques, aux branches de cette science qui traitent des forces moléculaires, et nous arriverons à une nouvelle et vaste série d'applications: C'est à ce groupe de sciences, joint aux groupes précédents, que nous devons la machine à vapeur qui accomplit le travail de millions de bras. La section des sciences physiques qui formule les lois de la chaleur nous a enseigné comment on peut économiser le combustible dans de nombreuses industries; comment on augmente le produit des hauts fourneaux en substituant l'air chaud à l'air froid; comment on ventile les mines; comment on prévient les explosions par l'usage de la lampe de sûreté; et comment enfin, au moyen du thermomètre, on règle l'application d'une foule de procédés. Une autre section de la physique, qui a pour objet l'étude des phénomènes de la lumière, donne des yeux au vieillard et au myope, aide par le microscope à découvrir les maladies ou les sophistications, en même temps qu'elle prévient les naufrages par l'usage des phares perfectionnés. Les découvertes en électricité et en magnétisme ont sauvé un nombre incalculable d'existences et de richesses par la boussole; elles sont venues au secours de plusieurs arts par l'électrotypie; et maintenant elles nous ont fourni dans le télégraphe un agent qui, dans l'avenir, réglera les transactions commerciales et développera les relations politiques. Jusque dans les détails de la vie domestique, depuis le fourneau de cuisine perfectionné jusqu'au stéréoscope d'une table de salon, les progrès de la physique viennent contribuer à notre bien-être et à nos jouissances.

Bien plus nombreuses encore sont les applications

de la chimie. Le blanchisseur, le teinturier, le fabricant de toiles peintes, se livrent tous à des opérations qui réussissent plus ou moins, selon qu'ils appliquent ou non les lois de la chimie. La chimie doit servir de guide pour la fonte du cuivre, de l'étain, du zinc, du plomb, de l'argent et du fer. Le raffinage du sucre, la fabrication du gaz, celle du savon, de la poudre à canon, sont des opérations en partie chimiques ; de même encore la fabrication du verre et de la porcelaine. Distinguer le point où les matières destinées à la distillation s'arrêtent à la fermentation alcoolique de celui où elles passent à la fermentation acide, c'est là une question de chimie d'où dépend le profit ou la perte pour le brasseur. Et, s'il a une fabrication étendue, il trouvera de l'avantage à avoir un chimiste attaché à son établissement. Au fait, il n'y a guère d'industrie maintenant qui ne relève en quelque chose de la chimie. Il n'est pas jusqu'à l'agriculture dans laquelle on n'ait besoin de nos jours d'un pareil guide, si l'on veut s'y livrer avec profit. L'analyse des engrais et du sol, l'appréciation de l'adaptation des uns aux autres, l'emploi du gypse ou d'autres substances qui fixent l'ammoniaque, l'utilisation des coprolithes (1), la production d'engrais artificiels, sont autant de bienfaits de la chimie avec lesquels il est utile que le fermier soit familiarisé. Qu'il s'agisse d'allumettes ou de désinfection des eaux d'égout, de photographie, de pain sans levain ou de parfums tirés des détritus, nous devons reconnaître que la chimie joue un rôle dans toutes les industries, et que, pour cette raison, cette science importe à toute personne qui, directement ou indirectement, s'occupe de production industrielle.

Dans les sciences concrètes, nous arrivons d'abord

____

(1) Excréments fossiles, employés comme engrais à cause du phosphate de chaux qu'ils renferment.

à l'astronomie. De l'astronomie est née la navigation, laquelle a rendu possible l'immense commerce extérieur qui fait vivre une grande partie de
notre population, en même temps qu'il nous fournit
bien des objets de première nécessité et la plupart
des articles de luxe.

La géologie est encore une science dont l'étude
concourt, pour une large part, au progrès industriel. Maintenant que les mines de fer sont une si
grande source de richesse, maintenant que la durée
de notre approvisionnement de charbon est devenue une question de grand intérêt, maintenant
que nous avons une Ecole des mines et un service
d'inspecteurs géologues, il devient à peine nécessaire d'insister sur cette vérité : que l'étude de l'enveloppe terrestre importe à notre prospérité matérielle.

Et que dire de la science de la vie, la biologie? N'est-elle pas aussi d'une importance capitale,
dans ce qui concourt à la conservation indirecte
de nous-mêmes? Elle a peu de rapports, il est
vrai, avec ce que nous appelons ordinairement la
« production industrielle » ; mais elle est insépara-
blement unie à la première des industries, la production des aliments. Comme l'agriculture doit
conformer ses méthodes aux phénomènes de la vie
végétale et animale, il s'ensuit que la science de
ces phénomènes est la base rationnelle de l'agriculture. Il est vrai que plusieurs vérités biologiques
avaient été empiriquement reconnues et appliquées
par les agriculteurs avant qu'on les eût scientifiquement conçues. Ils savent, par exemple, que certains
engrais conviennent à certaines plantes, que certaines récoltes rendent le sol impropre à d'autres,
que des chevaux mal nourris ne peuvent pas faire
un bon travail, que telle ou telle maladie des bestiaux ou des moutons se produit dans telle ou telle
condition. Ces connaissances et celles que l'agricul-

teur acquiert tous les jours, par l'expérience, sur la manière de soigner les plantes et les animaux, constituent la somme de faits biologiques qui lui sont familiers, et le succès de ses entreprises dépend en grande partie de la manière dont il applique ce savoir. Or, puisque ces faits biologiques, rares, mal définis, rudimentaires, sont venus si puissamment à son secours, jugez de quelle valeur ces mêmes faits seraient pour lui, s'ils devenaient positifs, bien définis et approfondis. Dès aujourd'hui nous pouvons voir les bienfaits que lui apporte la biologie rationnelle. La vérité que la production de chaleur animale implique une perte de substance, et que, par conséquent, en empêchant la déperdition de la chaleur, on prévient le besoin d'une augmentation de nourriture ; cette vérité, résultat d'une conclusion purement théorique, guide maintenant l'éleveur dans l'engraissement du bétail : il est prouvé qu'en maintenant les étables à une température élevée on économise du fourrage. Il en est de même en ce qui concerne la variété des aliments. Les expériences des physiologistes ont démontré que non seulement le changement de nourriture est profitable, mais que la digestion est rendue plus facile par le mélange des aliments dans l'estomac. C'est encore à la biologie que les agriculteurs doivent de connaître la cause de la maladie appelée le *tournis*, qui amenait chaque année la perte de milliers de moutons. On sait maintenant, en effet, que cette maladie provient de la présence d'un ver parasite qui exerce une pression sur le cerveau. Il suffit d'extraire cet insecte par le point du crâne dont le ramollissement indique la place où le parasite est logé, pour que le mouton guérisse presque toujours.

Une autre science qui exerce une influence directe sur la prospérité industrielle d'une nation, c'est la sociologie. Les hommes qui, chaque jour, s'en-

quièrent de la situation du marché financier, qui
passent en revue les prix courants; qui discutent les
probabilités de la récolte du froment, du sucre, du
coton, de la laine, de la soie ; qui pèsent les chances
de guerre et de paix, et qui fondent, sur ces données, leurs opérations commerciales, ces hommes-
là font de la sociologie. Ils en font d'une façon tout
empirique, il est vrai, et non sans commettre des
bévues; mais ils en font, et leurs gains ou leurs pertes
dépendent de la justesse de leurs appréciations. Ce
n'est pas seulement le négociant, le manufacturier,
qui doit se guider dans ses transactions par des calculs relatifs à l'offre et à la demande, calculs fondés
sur des faits nombreux et supposant la reconnaissance tacite de divers principes sociaux ; c'est encore
le détaillant qui doit entrer dans toutes ces considérations. Sa prospérité dépend surtout de la justesse
de ses prévisions sur les prix de gros et sur le taux
de la consommation. Il est manifeste que quiconque
se mêle au tourbillon de l'activité commerciale a un
intérêt vital à savoir les lois d'après lesquelles cette
activité se modifie.

Il est donc très important pour tous ceux qui
s'occupent de la production, de l'échange et de la
distribution des marchandises, de posséder certaines
notions scientifiques. Tout homme qui, de près ou
de loin, se trouve en rapport avec une industrie
(et c'est le cas de l'immense majorité), doit tenir
compte, en quelque façon, des propriétés mathématiques, physiques et chimiques des corps ; il
aura besoin de connaître les lois de la biologie
peut-être, et certainement celles de la sociologie. Le
succès ou l'insuccès dans ce que nous avons appelé
la manière indirecte de pourvoir à la conservation
de soi-même, ou en d'autres termes la possibilité
de gagner sa vie, dépend en grande partie de la
connaissance d'une ou de plusieurs de ces sciences :
connaissance peut-être non raisonnée et empirique,

mais qui n'en est pas moins une connaissance. Ce que nous appelons apprendre un métier ou un commerce, c'est, en réalité, sous un nom ou sous un autre, apprendre la science qui s'y rapporte. Les études scientifiques sont donc d'une extrême importance, parce qu'elles servent de préparation à la vie pratique, et parce que la science raisonnée a une immense supériorité sur la science empirique. Non seulement la culture scientifique est nécessaire à chacun pour comprendre le *pourquoi* et le *comment* des choses et des opérations dans lesquelles il est intéressé comme producteur ou comme intermédiaire, mais il est souvent très essentiel de savoir le *pourquoi* et le *comment* d'autres choses et d'autres opérations encore. Dans ce siècle de sociétés en participation, presque tout le monde, excepté peut-être le simple manœuvre, est intéressé, comme capitaliste, dans quelque industrie qui n'est pas la sienne. Souvent, son gain ou sa perte dépend de ses connaissances dans les sciences qui ont des rapports avec cette industrie. Voici, par exemple, des actionnaires qui se sont ruinés à faire creuser une mine qui ne produit point de houille : c'est qu'ils ne savaient pas qu'un certain fossile est caractéristique de la couche du vieux grès rouge, au-dessous de laquelle on ne trouve plus de charbon de terre. On a fait de nombreux essais pour construire des machines électro-magnétiques qu'on espérait pouvoir substituer aux machines à vapeur ; si ceux qui ont fourni les fonds avaient connu la loi générale de la corrélation et de l'équivalence des forces, ils n'auraient pas perdu leur argent (1). Tous les jours, on voit

1) Le travail qu'on demande à une machine dynamoélectrique ne peut s'obtenir que par la transformation en électricité d'une somme équivalente de chaleur ou de travail mécanique. La production de cette chaleur ou de ce travail exige nécessairement une dépense correspondante (consommation du métal de la pile, ou

des gens qui se mettent en frais pour appliquer des inventions dont le moindre novice en science pourrait démontrer la futilité. Combien de fortunes compromises par des essais tentés pour la réalisation de quelque projet impossible !

Or, si déjà les pertes d'argent résultant de l'absence de connaissances scientifiques sont si fréquentes dans notre société, combien seront-elles plus fréquentes et plus grandes, à l'avenir, pour ceux qui resteront étrangers à la science! A mesure que les procédés industriels deviendront plus scientifiques, ce qui doit inévitablement arriver sous l'aiguillon de la concurrence, à mesure que les sociétés en participation se multiplieront, ce qui aura certainement lieu, chacun aura plus besoin encore de posséder des connaissances positives.

Ce qui est le plus négligé dans nos écoles est donc justement ce qui nous est le plus nécessaire dans la vie. Nos industries périraient, sans cette instruction supplémentaire que les hommes sont obligés d'acquérir comme ils peuvent, après que leur éducation est censée terminée. Et sans cette instruction accumulée et répandue de siècle en siècle, en dehors de l'enseignement officiel, ces industries n'eussent jamais existé. S'il n'y avait jamais eu chez nous d'autre enseignement que celui qu'on donne dans nos écoles publiques, l'Angleterre serait encore ce qu'elle était dans les temps féodaux. Notre science, tous les jours grandissante, des lois qui président aux phénomènes, science qui nous permet d'asservir la nature à nos besoins et de procurer au simple travailleur manuel, aujourd'hui, des jouissances auxquelles les rois, autrefois, ne pouvaient pas atteindre, n'est due que pour une petite part aux éta-

emploi d'une force motrice quelconque), et cette dépense est généralement plus élevée que le prix du combustible qu'emploierait une machine à vapeur.

blissements chargés d'instruire notre jeunesse. Les connaissances vitales, celles qui ont fait de nous une grande nation, celles sur lesquelles repose notre existence nationale, n'ont jamais eu leur place au soleil dans notre système d'éducation, et il a fallu aller les acquérir dans d'humbles et obscurs réduits, pendant que les institutions officiellement chargées de distribuer l'enseignement ne faisaient guère autre chose que marmotter des formules vides.

Nous arrivons à la troisième des grandes divisions de l'activité humaine; et ici nous trouvons que rien n'est fait pour nous y préparer. Si, par aventure, aucun autre vestige de notre civilisation qu'un tas de nos livres classiques, ou bien une liasse de nos compositions de collège, n'arrivait à la postérité, représentons-nous l'étonnement d'un antiquaire de l'avenir, en voyant que rien n'indique, dans ces papiers et dans ces livres, que les élèves qui s'en servaient dussent jamais avoir d'enfants. « Bon ! dirait-il, cela devait être un cours d'études pour les célibataires. Je vois qu'on y portait son attention sur beaucoup de choses, particulièrement snr l'explication d'ouvrages laissés par des peuples qui n'existaient plus, ou appartenant à d'autres peuples contemporains (ce qui semble indiquer que ce peuple-là n'en avait guère de bons lui-même); mais je ne trouve dans tout cela aucune allusion à l'art d'élever les enfants. Ces gens n'eussent pu être assez dénués de sens pour ne donner dans leur système d'éducation aucune place à un sujet qui implique la plus grave des responsabilités. Donc, évidemment, ceci était le cours d'études d'un de leurs ordres monastiques. »

Sérieusement, n'est-ce pas une chose inconcevable que, bien que la vie et la mort de nos enfants, leur perte ou leur avantage moral, dépendent de la façon dont nous les élevons, on n'ait jamais donné dans nos écoles la moindre instruction sur ces matières à des élèves qui demain seront pères ou mères de famille? N'est-ce pas une inexplicable anomalie que le sort d'une nouvelle génération soit abandonné au hasard d'habitudes irréfléchies et de caprices déraisonnables, aux suggestions de nourrices ignorantes, aux préjugés des grand'mères? Si un négociant entrait dans le commerce sans connaître le moins du monde l'arithmétique et la tenue des livres, nous nous récririons sur sa sottise; nous en prévoirions les désastreuses conséquences. Si, avant d'avoir étudié l'anatomie, un homme prenait en main le bistouri du chirurgien, ne serions-nous pas confondus de son audace et pris de compassion pour ses malades? Mais que des parents entreprennent la tâche difficile d'élever des enfants, sans avoir jamais songé à se demander quels sont les principes de l'éducation physique, morale, intellectuelle qui doivent leur servir de guides, cela ne nous inspire ni étonnement à l'égard des pères, ni pitié à l'égard des enfants, leurs victimes!

Aux milliers d'êtres humains qui sont tués, ajoutez les centaines de milliers qui survivent pour traîner des santés affaiblies, les millions qui grandissent avec des constitutions moins fortes qu'elles n'auraient dû l'être, et vous aurez quelque idée du mal fait par des parents qui ignorent les lois de la vie. Songez que le régime auquel les enfants sont soumis a une influence, soit bonne, soit mauvaise, sur leur avenir tout entier, qu'il y a vingt manières de se tromper et une seule manière de ne pas se tromper, et vous mesurerez l'étendue des maux qu'introduit dans le monde notre système d'éducation hasardé, irréfléchi. On décide qu'un jeune garçon sera vêtu d'une jaquette courte, mince et légère, et qu'il ira jouer ainsi en plein air, avec des membres rougis par le froid. Cette décision exercera une influence sur toute sa vie, soit par la maladie, soit par l'affaiblissement du corps. Tout au moins sera-t-il moins vigoureux dans sa maturité qu'il ne l'eût été, et cette circonstance sera-t-elle un empêchement à ses succès et à son bonheur. Les enfants sont-ils soumis à un régime alimentaire non varié ou trop peu nutritif, ils s'en ressentiront jusqu'à leur dernier jour, et leur activité, comme hommes ou comme femmes, en sera plus ou moins diminuée. Leur défend-on les jeux bruyants ou les empêche-t-on (à cause de leur costume trop léger) de sortir par le froid, ils sont assurés de rester au-dessous de la mesure de force et de santé à laquelle la nature les avait destinés. Quand leurs fils et leurs filles deviennent faibles et maladifs, les parents appellent cela un malheur, une épreuve que leur envoie la Providence. Le chaos qui règne dans leurs têtes, comme dans celles des autres, leur fait supposer que les effets se produisent sans cause, ou par des causes surnaturelles. Il n'en est rien. Dans certains cas, sans doute, ces causes sont transmises par hérédité; mais le plus souvent elles se trouvent dans d'absurdes pratiques suivies à l'égard des enfants. La responsabilité de tant de souffrance, de faiblesse, d'abattement, de maux, incombe, en général, aux parents. Ils se sont chargés de régler, heure par heure, tout ce qui se rapporte à l'existence de leurs rejetons, et, par une légèreté cruelle, ils ont négligé de s'instruire de ces lois du développement vital qu'ils contrarient incessamment par leurs ordres et par leurs défenses. Dans leur complète ignorance des premières lois physiologiques, ils ont miné jour par jour la constitution de leurs enfants, et ils ont ainsi infligé d'avance la maladie, la mort prématurée, non seulement à ces enfants eux-mêmes, mais à leurs descendants.

Les funestes effets de l'ignorance nous apparaissent aussi grands dans l'éducation morale que dans l'éducation physique. Voyez la jeune mère aux prises avec les premières difficultés de l'éducation. Il y a quelques années à peine, cette jeune femme était sur les bancs de l'école, où l'on bourrait sa mémoire de mots, de noms, de dates, sans exercer presque en aucune façon sa faculté de réflexion. Là, on ne lui a pas donné la moindre idée de la manière de s'y prendre avec une intelligence enfantine; et rien dans son éducation n'a pu la rendre apte à concevoir par elle-même les méthodes qu'elle devra employer plus tard. Les années suivantes ont été consacrées à l'étude de la musique, aux ouvrages de broderie, à la lecture des romans et aux plaisirs du monde. On n'a jamais appelé sa pensée sur les graves responsabilités qui attendent les futures mères de famille; on ne lui a guère donné cette solide culture intellectuelle qui eût pu la préparer à porter ces responsabilités. Voyez-la maintenant en présence d'un caractère qui se développe et dont le développement lui est confié! Voyez-la, dans son ignorance profonde des phénomènes auxquels elle a affaire, entreprendre d'accomplir ce qui ne saurait être exécuté qu'imparfaitement même par la science la plus haute! Elle ne sait rien de la nature des émotions, des diverses facultés, de leurs fonctions. Elle croit qu'il existe des sentiments absolument mauvais, ce qui n'est vrai d'aucun sentiment; elle croit qu'il existe des sentiments absolument bons, à quelque degré qu'on les porte, ce qui est encore une erreur. Ne connaissant pas l'organisme qu'elle a devant elle, elle ne connaît pas davantage l'influence que peut exercer sur cét organisme tel ou tel traitement. Quoi de plus inévitable que les résultats désastreux dont nous sommes journellement témoins? Ignorant, comme elle les ignore, les phénomènes mentaux, leurs causes et leurs effets, son intervention est souvent plus nuisible que ne l'eût été son abstention absolue. Elle s'oppose à tout moment à telle ou telle manifestation d'activité à la fois naturelle et bienfaisante pour l'enfant, nuisant, par là, à son bonheur, à son avenir, gâtant son caractère comme elle gâte le sien propre, et s'aliénant son affection. Elle le porte, par des motifs tirés de la crainte, de l'intérêt et de l'orgueil, aux actions qu'elle croit utile d'encourager, s'embarrassant peu du mobile, pourvu que l'acte extérieur soit tel qu'elle le désire, et développant ainsi l'hypocrisie, la crainte, l'égoïsme, au lieu des bons sentiments. Tout en prêchant la sincérité, elle donne constamment à l'enfant l'exemple du mensonge en proférant des menaces qu'elle n'exécute pas. Elle blâme la colère, et elle gronde avec humeur pour des choses qui ne le méritent point. Elle ne se doute pas de cette vérité que, dans la *nursery* (1) comme dans le monde, la seule discipline salutaire, c'est l'expérience des conséquences, bonnes ou mauvaises, agréables ou pénibles, qui découlent naturellement de nos actes. Dépourvue de toute lumière théorique, incapable de se guider elle-même par l'observation raisonnée de ce qui se passe dans l'esprit de l'enfant, la jeune mère suit l'impulsion du moment; son gouvernement, plein d'inconséquences, aboutirait presque toujours à des résultats désastreux, si la tendance supérieure du jeune esprit à revêtir le type moral de la race n'était ordinairement victorieuse de toutes les influences secondaires.

Et maintenant l'éducation intellectuelle n'est-elle pas conduite de la même manière? Si vous accordez que l'esprit humain a des lois et que l'évolution de l'intelligence chez l'enfant s'y conforme, il s'ensuit que l'éducation ne peut pas être dirigée sans la connaissance de ces lois. Supposer que vous pourrez régler la formation et l'accumulation des idées,

(1) La *nursery*, ou la chambre de la nourrice, est le nom que les Anglais donnent à la partie de l'appartement spécialement réservée aux enfants.

sans savoir comment les idées se forment, est une absurdité. Combien l'enseignement, tel qu'il est, différera donc de l'enseignement tel qu'il devrait être, quand il n'y a presque point de parents et si peu de maîtres qui sachent la moindre chose en psychologie ! Comme on peut s'y attendre, le système établi est gravement défectueux dans le fond et dans la forme. Pendant qu'on passe sous silence les choses essentielles, on impose à l'esprit ce qui lui est mauvais, et on le lui impose dans un ordre plus mauvais encore. Sous l'empire de cette idée étroite qui fait qu'on voit l'éducation tout entière dans l'étude des livres, les parents mettent les abécédaires dans les mains des enfants des années trop tôt. Faute de reconnaître cette vérité, que l'usage des livres est supplémentaire, qu'ils sont un moyen indirect d'apprendre quand le moyen direct nous manque, un moyen de voir par les yeux des autres quand nous ne pouvons pas voir par nos propres yeux, nos éducateurs sont toujours prêts à nous donner des faits de seconde main, au lieu de nous faire acquérir des faits de première main. Faute de comprendre l'immense valeur de cette éducation spontanée, qui est le fruit de nos premiers ans ; faute de voir que l'observation incessante à laquelle se livre l'enfant, loin d'être méconnue ou gênée, doit être diligemment secondée et rendue aussi exacte, aussi complète que possible, ils s'obstinent à occuper ses yeux et son esprit d'idées et de choses qui, à cette époque de la vie, sont inintelligibles et répugnantes. Possédés de cette superstition qui fait qu'on adore les symboles de la science au lieu de la science elle-même, ils ne voient pas que ce n'est que lorsque les objets renfermés dans la maison, dans la rue, dans le jardin, seront à peu près épuisés, qu'il faudra ouvrir dans les livres de nouvelles sources d'information à l'enfant : et cela non-seulement parce que la connaissance immédiate est préférable à la connaissance médiate, mais aussi parce que les mots que renferment les livres ne peuvent faire naître des idées qu'en proportion de l'expérience acquise des choses. Remarquez ensuite que cette instruction de formules est commencée bien trop tôt et dirigée sans égard aux lois de notre déloppement intellectuel. Notre esprit marche nécessairement du concret à l'abstrait. Néanmoins des études abstraites, comme la grammaire, qui ne devraient venir que beaucoup plus tard, sont placées au commencement. La géographie politique, chose morte et sans intérêt pour un enfant, qui devrait être un appendice de la sociologie, est commencée de bonne heure, tandis que la géographie physique, chose intelligible et comparativement agréable pour lui, est à peu près négligée. Presque tous les sujets abordés le sont dans un ordre anormal, les définitions, les règles et les principes étant posés d'abord, au lieu d'être dévoilés peu à peu à l'esprit, comme ils doivent l'être naturellement par l'observation des cas particuliers. Puis, en toutes choses, prévaut le vicieux système qui consiste à faire apprendre par cœur, qui sacrifie l'esprit à la lettre. Enfin, on émousse les perceptions de bonne heure par le soin qu'on prend de contre-carrer la nature et de forcer l'attention de l'élève à se porter sur les livres; on jette la confusion dans son esprit en voulant y faire entrer des choses qu'il ne peut recevoir et en lui présentant les généralisations avant les faits; on fait de l'élève un récipient pour les idées des autres, au lieu d'en faire un chercheur actif de faits et d'idées; on surmène à l'excès son cerveau; et l'on arrive à ce résultat que fort peu d'intelligences produisent ce qu'elles pourraient donner. Les examens une fois passés, on met de côté les livres. Les notions acquises, faute d'être organisées et coordonnées, se perdent vite, et ce qu'il en reste est presque toujours à l'état inerte, parce qu'on n'a pas cultivé l'art d'appliquer ses connaissances et qu'on n'a pas développé en soi la puissance d'observer avec exactitude et de penser par soi-même. Ajoutez à cela que, tandis qu'une grande partie des choses qu'on apprend sont relativement de peu de valeur, une masse de connaissances souverainement importantes à acquérir sont complètement négligées.

Les faits sont donc tels que nous aurions pu l'inférer *à priori* : l'éducation physique, morale, intellectuelle de l'enfance, est terriblement défectueuse ; et elle est en grande partie telle, parce que les parents sont étrangers à la science, qui, seule, pourrait les éclairer dans cette œuvre. Qu'attendre quand on voit entreprendre la solution d'un des problèmes les plus compliqués qui existent par des personnes qui n'ont jamais songé à s'enquérir des principes sur lesquels cette solution repose? Il faut un long apprentissage pour arriver à faire un soulier, à bâtir une maison, à manœuvrer un navire, à conduire une locomotive. Croit-on que le développement corporel et intellectuel d'un être humain soit chose comparativement si simple, que la première personne venue puisse y présider, sans aucune étude préalable? S'il n'en est pas ainsi, si l'on accorde que le procès de ce développement est peut-être le plus complexe qui existe dans la nature, et si la tâche de le seconder est d'une extrême difficulté, n'est-ce pas une folie que de ne point préparer l'homme à l'accomplissement de cette tâche? Mieux vaudrait sacrifier l'acquisition des talents que d'omettre cette préparation absolument nécessaire.....

Nous voyons ainsi que, pour régler l'activité humaine dans la troisième de ses grandes divisions, la chose essentielle est une certaine connaissance des lois de la vie. Il est indispensable de connaître les premiers principes de la physiologie, et les vérités élémentaires de la psychologie, si l'on veut élever convenablement les enfants. Nous sommes certain d'avance que beaucoup de lecteurs accueilleront cette assertion par un sourire. Demander que les parents s'appliquent à l'étude de sujets si abstrus semblera d'abord absurde. Certes, si l'on exigeait de tous les pères et mères des connaissances approfondies en ces matières, on tomberait visiblement dans l'absurdité. Ce n'est pas là notre prétention. Les principes généraux, accompagnés de quelques exemples propres à en faciliter l'intelligence, suffiront, et l'enseignement n'en sera pas difficile. Quoi qu'il en soit d'ailleurs, voici les faits qui sont irrécusables : le développement physique et intellectuel des enfants est soumis à des lois ; si les parents ne se conforment pas du tout à ces lois, la mort est inévitable ; s'ils ne s'y conforment que dans une certaine mesure, il en résulte de sérieux défauts corporels et moraux ; ce n'est que lorsqu'ils s'y conforment entièrement que les enfants parviennent à la maturité parfaite. Jugez donc si tous ceux qui seront un jour pères ou mères ne doivent pas s'efforcer ardemment d'apprendre ces lois.

Passons de la fonction paternelle à la fonction du citoyen. Nous avons à nous demander ici quelles connaissances rendent un homme apte à remplir cette fonction. On ne peut pas dire qu'on omette absolument dans l'éducation le genre d'instruction qui s'y rapporte, car les cours des collèges comprennent certaines études qui ont, du moins de nom, certain rapport avec les devoirs sociaux et politiques. Parmi ces études, la seule à laquelle on accorde une place importante, c'est l'histoire.

Mais, ainsi que nous l'avons déjà indiqué, les notions qu'on donne, sous cette dénomination, à la jeunesse, sont absolument sans valeur comme guides dans la vie. Parmi les faits rapportés dans nos

livres d'histoire à l'usage des collèges, et ceux contenus dans les ouvrages plus sérieux écrits pour les
adultes, il n'en est guère qui fassent comprendre
les vrais principes de l'action politique. Les biogra-
phies des souverains (et nos enfants n'apprennent
guère autre chose) ne jettent pas beaucoup de lumière sur la science sociale. Savoir par cœur les
intrigues de cour, les complots, les usurpations, et
autres choses semblables, avec tous les noms des
personnages qui y ont été mêlés, cela ne nous apprend pas grand'chose sur les causes du progrès
des nations. Nous lisons qu'il y a eu à telle époque
une contestation pour le pouvoir, et que cette contestation a amené une bataille rangée ; que les
généraux et leurs lieutenants se nommaient tels et
tels ; qu'ils avaient chacun tant de mille hommes
d'infanterie, tant de mille hommes de cavalerie,
et tant de canons ; qu'ils ont disposé leurs troupes
dans tel et tel ordre ; qu'ils ont manœuvré, attaqué,
reculé, de certaine manière ; qu'à telle heure de la
journée ils ont éprouvé tel échec ou gagné tel avantage ; que, dans un certain mouvement, un général
a été tué et un régiment décimé ; qu'après toutes
les péripéties du combat, la victoire a été rem-
portée par l'une ou l'autre armée ; enfin qu'il y a
eu tant d'hommes tués, tant de blessés et tant de
prisonniers. Dans tous les détails accumulés qui
composent le récit, s'en trouve-t-il un seul qui
puisse aider à vous diriger en tant que citoyen ?
Supposez que vous ayez lu avec soin, non seulement les *Quinze batailles décisives qui ont été livrées
dans le monde*, mais le récit de toutes les autres
batailles que mentionne l'histoire, votre vote aux
élections prochaines en sera-t-il plus judicieux ?
Mais ce sont là des faits, des faits intéressants, dites-
vous. Sans doute, ce sont là des faits (si toutefois
ce ne sont pas en tout ou en partie des fictions), et,
pour beaucoup d'esprits, ils peuvent être intéres-

sants. Mais cela n'implique nullement qu'ils soient utiles à connaître. Une opinion factice ou morbide peut prêter de la valeur à des choses qui n'en ont presque point. Un *tulipomane* ne donnerait pas un oignon de tulipe rare, pour son pesant d'or. Il y a des gens pour qui une vilaine pièce de vieille porcelaine fêlée est une richesse désirable ; il y en a d'autres qui paient chèrement les reliques d'un assassin. Dira-t-on que ces goûts donnent la mesure de la valeur réelle de leur objet ? Non, sans doute ; on admettra donc que le plaisir qu'on peut trouver dans le récit de certains faits d'histoire ne prouve point leur valeur, et que, pour nous rendre compte de ce que cette valeur peut être, ici comme ailleurs, il faut nous demander à quel usage ces connaissances sont applicables. Si quelqu'un venait vous apprendre que la chatte de votre voisin a fait ses petits hier, vous diriez que la connaissance de ce fait est pour vous sans valeur. Bien que ce soit un fait, vous estimeriez que c'est un fait inutile, un fait qui ne peut en aucune manière influer sur votre conduite, un fait qui ne vous aidera en rien à parvenir à la vie complète. Eh bien ! soumettez à la même épreuve la grande masse des faits dits historiques, vous arriverez à la même conclusion. Ce sont des faits dont on ne peut rien tirer ; des faits non susceptibles d'organisation ; des faits, par conséquent, qui ne peuvent point servir à établir nos principes de conduite, ce qui est la principale utilité de la connaissance des faits. Lisez-les, si vous voulez, pour votre amusement ; mais ne vous flattez pas d'y trouver une source d'instruction.

Ce qui constitue l'histoire véritable est presque complètement omis dans les ouvrages sur cette matière. Ce n'est que depuis quelques années que les historiens ont commencé à nous donner, dans une certaine mesure, le genre d'instruction qui peut vraiment être utile. De même que, dans les siècles passés, le roi était tout, le peuple rien, ainsi, dans les vieux livres d'histoire, les actions des rois forment le tableau tout entier, et la vie nationale est rejetée dans un arrière-plan obscur. De nos jours seulement, où le bien des gouvernés est devenu, beaucoup plus que l'avantage des gouvernants, l'idée dominante, les historiens se sont mis à étudier les phénomènes du progrès social. Ce qu'il nous importe réellement de connaître, c'est l'*histoire naturelle* de la société. Nous avons besoin de savoir tous les faits qui peuvent nous aider à comprendre comment une nation a grandi et s'est organisée. Parmi ces faits, il faudra placer, sans conteste, un aperçu sommaire de son gouvernement; mais qu'on nous donne le moins de commérages possible sur les hommes qui ont exercé ce gouvernement, et en revanche autant de détails que possible sur les principes, les méthodes, les préjugés, les corruptions qu'il accuse : et que ce récit comprenne non seulement ce qui concerne le gouvernement central, mais aussi tout ce qui a trait aux gouvernements locaux jusque dans leurs dernières subdivisions. Ayons aussi, cela va sans dire, une description parallèle du gouvernement ecclésiastique, de son organisation, sa conduite, son degré de pouvoir, ses rapports avec l'Etat; et, avec cela, du cérémonial du culte, du *Credo*, des idées religieuses, non seulement de celles auxquelles on a cru nominalement, mais de celles auxquelles on a cru réellement et qui ont servi aux hommes de règle d'action. Sachons aussi quelle a été la domination exercée par certaines classes sur les autres, ce dont rendent témoignage l'étiquette sociale, les titres, les salutations, les formules employées dans les lettres et dans les discours. Sachons encore les usages populaires, suivis tant dans la famille qu'entre personnes étrangères les unes aux autres, y compris ceux qui touchent aux relations des deux sexes et à celles des parents avec les enfants. Les superstitions courantes, depuis les mythes les plus importants jusqu'aux pratiques de la sorcellerie vulgaire, devront aussi être rapportées. Ensuite viendrait un tableau du système industriel de la nation, montrant à quel degré était poussée la division du travail ; si les métiers étaient organisés en castes, en corporations, etc. ; quelles étaient les relations d'employeur à employé ; par quelles voies les produits se trouvaient mis en circulation ; quels étaient les moyens de communication, et quel était le signe représentatif des valeurs. Avec tout cela, il faudrait rendre compte de l'état des arts industriels au point de vue technique, en indiquant les procédés suivis et la qualité des produits. Ensuite, il faudrait dépeindre l'état intellectuel de la nation aux différents degrés de la hiérarchie sociale, non seulement en ce qui touche à l'éducation et à sa nature, mais par rapport aux progrès faits dans les sciences et à la manière de penser. Il faudrait montrer ce qu'était le degré de culture esthétique de la nation, dans son architecture, sa peinture, sa sculpture, sa musique, son vêtement, sa poésie et ses fictions. On ne devrait pas omettre le tableau de sa vie journalière ; il faudrait dire ce qu'étaient chez ce peuple les maisons, la nourriture, les plaisirs. Enfin, comme servant de lien à tout cet ensemble de faits, on aurait à donner un exposé de sa morale théorique et pratique dans toutes les classes, telle qu'elle ressort de la législation, des usages, des proverbes et des actions. Ces faits devraient être rapportés aussi brièvement que le permet le soin de la clarté et de l'exactitude, groupés et arrangés de façon à pouvoir être embrassés dans leur ensemble, et considérés comme parties corrélatives d'un tout. Le but à poursuivre, c'est qu'on puisse saisir aisément l'harmonie qui existe entre eux, afin d'apprendre à connaître quel est le phénomène social qui coexiste avec tel autre.

Le tableau des siècles successifs doit être disposé de façon que l'on voie comment les croyances, les institutions, les usages, les arrangements sociaux se sont modifiés, et comment l'harmonie d'un édifice social s'est fondue dans l'harmonie d'un autre édifice qui lui a succédé. Voilà les notions du passé qui peuvent servir au citoyen à diriger sa conduite. La seule histoire qui ait une valeur pratique pourrait s'appeler *sociologie descriptive*; et le meilleur service que l'historien puisse nous rendre, c'est de raconter la vie des nations de telle façon qu'il nous fournisse des matériaux de *sociologie comparée*, afin de nous permettre de déterminer ensuite les lois fondamentales qui président aux phénomènes sociaux.

Remarquez maintenant que, même en supposant qu'on puisse arriver à posséder une somme suffisante de connaissances historiques ayant une véritable valeur, elles seront de peu d'usage si l'on n'en possède pas la clef. La clef, c'est la science seule qui nous la donne. Sans les généralisations de la biologie et de la psychologie, il est impossible d'avoir l'explication rationnelle des phénomènes sociaux. On ne comprendrait même pas les plus simples faits de la vie sociale, comme, par exemple, le rapport entre l'offre et la demande, si l'on n'avait jamais fait quelques observations sur la nature humaine. Et, si l'on ne peut atteindre aux vérités sociologiques les plus élémentaires sans savoir comment l'homme pense et sent dans des circonstances données, il est clair qu'on n'arrivera point à l'intelligence de la sociologie tout entière, si l'on ne connaît à fond l'homme avec toutes ses facultés corporelles et mentales. Considérez le sujet au point de vue abstrait, cette conclusion ressortira d'elle-même. En effet : la société est composée d'individus ; tout ce qui s'accomplit dans la société est le résultat des actions combinées de ces indi-

vidus ; ce n'est donc que dans les actions indivi-
duelles qu'on peut trouver la solution des phénomènes sociaux. Mais les actions des individus sont
conditionnées par les lois de leur nature , et ces
actions ne peuvent être comprises que si l'on connaît ces lois. Réduites.à leur plus simple expression,
ces lois sont les corollaires de celles qui président.à
la vie du corps et de l'esprit en général. Il en résulte que la biologie et la psychologie sont les
interprètes indispensables de la sociologie. Pour
formuler cette conclusion d'une façon plus simple
encore, nous dirons : tous les phénomènes sociaux
sont des phénomènes de la vie, sont les manifestations les plus complexes de la vie ; ils doivent se
conformer aux lois de la vie et ne peuvent être
compris que par ceux qui connaissent ces lois. Ainsi
donc, tout ce qui touche à la direction de l'activité
humaine, dans la quatrième de ses divisions, relève
encore de la science. De tout ce qu'on enseigne
communément dans les cours d'études, bien peu de
chose peut servir à guider l'homme dans sa conduite de citoyen. Une petite partie seulement de
l'histoire telle qu'on l'écrit peut avoir pour lui une
utilité pratique, et rien ne le prépare, dans l'éducation qu'il reçoit, à en faire un utile usage. Il lui
manque non seulement les matériaux, mais même
l'idée de la sociologie descriptive ; et il lui manque
aussi ces généralisations des sciences organiques
sans lesquelles la sociologie descriptive elle-même
lui serait de peu de secours.

Nous arrivons maintenant à cette dernière division de l'activité humaine qui comprend les récréations, les amusements propres à remplir nos heures
de loisir. Après avoir examiné quelle est l'éducation
qui nous rend le plus aptes à veiller à notre conservation personnelle, à pourvoir à notre entretien, à
accomplir nos devoirs paternels, à diriger notre

conduite sociale et politique, examinons quelle est celle qui convient le mieux aux objets divers qui ne sont point compris dans ceux-ci : à nos jouissances littéraires, artistiques, sous toutes les formes, ainsi qu'à celles que nous tirons du spectacle de la nature. Comme nous les mettons après les choses qui intéressent d'une façon plus vitale le progrès humain, et comme nous avons ramené toute chose au criterium de la valeur pratique, on inférera peut-être de là que nous dédaignons ces objets secondaires. C'est une grande erreur. Autant que qui que ce soit, nous attachons du prix à la culture esthétique et aux plaisirs qui en découlent. Sans la peinture, la sculpture, la musique, la poésie et les émotions produites par les beautés naturelles de toute espèce, la vie perdrait la moitié de son charme. Ainsi, loin de regarder l'éducation du goût et les jouissances qu'elle procure comme dépourvues d'importance, nous croyons que ces jouissances occuperont dans l'avenir beaucoup plus de place qu'elles n'en occupent à présent dans la vie de l'homme. Quand les forces de la nature nous seront mieux asservies ; quand les moyens de production seront perfectionnés ; quand le travail humain pourra être au dernier point ménagé ; quand l'éducation aura été si bien organisée, que la préparation aux fonctions les plus essentielles de l'activité humaine pourra être obtenue d'une façon relativement prompte ; et quand, par conséquent, l'homme aura plus de temps libre à sa disposition, alors le beau dans l'art et dans la nature viendra occuper, à bon droit, une large place dans tous les esprits.

Mais ce n'est pas la même chose d'approuver la culture esthétique comme conduisant, dans une grande mesure, l'homme au bonheur, ou d'admettre qu'elle est fondamentalement nécessaire à ce bonheur. Quelque importante qu'elle puisse être, elle doit céder le pas à ces sortes de cultures qui

ont un rapport direct avec les devoirs journaliers de
la vie. Comme nous l'avons déjà dit, la littérature
et les beaux-arts ne peuvent exister qu'en vertu des
activités qui font que la vie sociale existe; et il est
manifeste que la chose rendue possible vient après
la chose qui la rend possible. Un horticulteur cul-
tive une plante pour sa fleur, et, s'il attache du prix
aux feuilles et aux racines, c'est surtout parce
qu'elles sont les agents de la production de la fleur.
Mais, tout en considérant la fleur comme le produit
auquel tout est subordonné, le jardinier a compris
que les feuilles et les racines sont en elles-mêmes
d'une plus grande importance, parce que d'elles
dépend toute l'évolution de la fleur. Il donne tous
ses soins à la santé de la plante, et il comprend
que ce serait folie de négliger celle-ci, s'il veut
obtenir la fleur. Il en est de même dans le cas qui
nous occupe. L'architecture, la sculpture, la peinture, la musique, la poésie, tout cela peut être
appelé la floraison de la vie civilisée. Mais, en supposant même qu'elles soient d'une valeur si supérieure, que la vie civilisée qui les produit doive leur
être subordonnée tout entière (ce qu'on ne saurait
guère prétendre), on devra toujours admettre
qu'une civilisation saine est la première chose nécessaire, et que l'éducation qui y conduit doit occuper le premier rang (1).

. . . .

Et maintenant n'oublions pas cet autre grand fait :
que non seulement la science est à la base de la
sculpture, de la peinture, de la musique, de la
poésie, mais que la science est encore poésie elle-
même. L'opinion commune que la science et la
poésie sont opposées l'une à l'autre provient d'une

(1) Nous supprimons ici un certain nombre de pages
où l'auteur traite des rapports des différents arts avec
la science.

illusion. Sans doute, il est vrai que, en tant qu'états de conscience, la connaissance et l'émotion tendent à s'exclure mutuellement. Sans doute il est vrai aussi qu'une extrême activité des facultés de réflexion tend à amortir les sentiments, de même que la vivacité des sentiments tend à obscurcir la réflexion : et, en ce sens, il serait vrai de dire que les divers ordres d'activité sont antagonistes entre eux. Mais ce qui n'est pas vrai, c'est que les faits de science soient en eux-mêmes dénués de poésie, ou que la culture scientifique nous rende impropres à l'exercice de l'imagination et à l'amour du beau. Au contraire, la science ouvre au savant des mondes de poésie là où l'ignorant ne voit rien. Les hommes occupés de recherches scientifiques nous montrent à tout moment qu'ils sentent non pas seulement aussi vivement, mais plus vivement que les autres, la poésie de leur sujet. Quiconque ouvrira les ouvrages de géologie de Hugh Miller, ou lira les *Sea-side Studies* de M. Lewes (1), verra que la science excite le sentiment poétique, bien loin de l'éteindre. Ceux qui connaissent la vie de Gœthe savent que le poète et l'homme de science peuvent exister tous deux avec une égale plénitude dans le même individu. N'est-ce pas une idée absurde, sacrilège, de croire que plus on étudie la nature, moins on la révère ? Pensez-vous qu'une goutte d'eau qui, pour le vulgaire, n'est qu'une goutte d'eau, perde quelque chose aux yeux du physicien, parce qu'il sait que, si la force qui réunit les éléments dont

(1) MM. Lewes et Miller sont deux naturalistes de la Grande-Bretagne. L'ouvrage de M. Lewes, *Sea-side Studies*, est consacré à l'étude des côtes maritimes. Hugh Miller est un géologue écossais, connu surtout par ses recherches sur la formation géologique désignée sous le nom de *vieux grès rouge (old grey sandstone)*, inférieure au terrain carbonifère, et dont il a été question plus haut, p. 25.

elle se compose était subitement dégagée, elle produirait un éclair? Pensez-vous que ce qui paraît au spectateur non initié un simple flocon de neige, n'éveille pas des idées plus hautes chez celui qui a examiné à travers le microscope les formes merveilleusement variées et si élégantes des cristaux de neige? Pensez-vous que ce roc arrondi, strié de déchirures parallèles, évoque autant de poésie dans l'esprit d'un ignorant que dans celui du géologue qui sait qu'un glacier a glissé sur ce rocher il y a un million d'années ? La vérité est que ceux qui n'ont jamais pénétré dans les domaines de la science sont aveugles pour la plus grande partie de la poésie qui les entoure. Celui qui n'a pas, dans sa jeunesse, collectionné des insectes et des plantes, ignore quel magique intérêt peut s'attacher à une haie ou à une prairie. Celui qui n'a pas déterré des fossiles ne sait pas les idées poétiques qu'évoquent les lieux où se trouvent ces trésors cachés. Celui qui n'a pas emporté dans ses promenades aux bords de la mer un microscope et un aquarium, ne connaît point les délices des côtes maritimes. Il est, en vérité, triste de voir combien les hommes s'occupent de trivialités et sont indifférents aux plus magnifiques phénomènes; comme ils ont peu de souci de connaître l'architecture des cieux, tandis qu'ils se passionnent pour de misérables controverses sur les intrigues d'une Marie Stuart; comme ils s'attachent à critiquer savamment une ode grecque, et passent sans y songer devant ce grand poème épique que le doigt de Dieu a écrit sur les couches de la terre !

Nous voyons donc que, dans la dernière division de l'activité humaine, comme dans les autres, la culture scientifique constitue une préparation nécessaire. Nous voyons que l'esthétique en général est nécessairement fondée sur des principes scientifiques, et qu'on ne peut y réussir complètement qu'à la condition de connaître ces principes. Nous voyons que, pour la critique et l'appréciation des œuvres d'art, il faut la connaissance de la nature des choses; en d'autres termes, qu'il faut le secours de la science. Et nous voyons que non seulement la science est l'auxiliaire de l'art et de la poésie sous toutes leurs formes, mais qu'elle peut être, à bon droit, regardée comme poétique elle-même.

. . . .

[Dans un passage que nous supprimons, M. Herbert Spencer examine quelle est la valeur de la science comme discipline intellectuelle et morale. Il arrive à cette conclusion que l'étude des sciences, plus que celle des langues, développe la mémoire et le jugement; et que, comme moyen de discipline morale, la science tend à produire l'indépendance du caractère, l'esprit de persévérance et de sincérité.

Abordant ensuite la question des rapports entre la science et le sentiment religieux, il continue ainsi :]

Enfin, nous devons dire, — et l'assertion causera sans doute une extrême surprise, — que la discipline de la science est supérieure à celle de l'éducation ordinaire, à cause de la culture *religieuse* qu'elle donne à l'esprit humain. Il va sans dire que nous n'employons pas ici les mots *scientifique* et *religieux* dans l'acception bornée où on les prend ordinairement, mais bien dans leur sens le plus large et le plus élevé. Sans doute, la science est hostile aux superstitions qui ont cours dans le monde sous le nom de religion; mais elle ne l'est pas à la religion essentielle, que ces superstitions ne font que nous dérober. Sans doute aussi, une partie de la science courante est imprégnée de l'esprit d'irréligion; mais cet esprit n'existe pas dans la vraie science, dans celle qui fait plus qu'effleurer les surfaces, et qui pénètre dans les profondeurs.

« La vraie science et la vraie religion, a dit le professeur Huxley en terminant une série de conférences, sont deux sœurs jumelles qu'on ne peut séparer sans causer la mort de l'une et de l'autre. La science prospère à proportion qu'elle est religieuse, et la religion fleurit à proportion de la profondeur et de la solidité scientifique de sa base. Les grandes œuvres accomplies par les philosophes ont été moins le fruit de leur intelligence que de la direction imprimée à cette intelligence par un esprit éminemment religieux. La vérité s'est révélée à leur patience, à leur amour, à leur sincérité, à leur dévouement, bien plus qu'à leur perspicacité logique. »

Loin que la science soit irréligieuse, comme tant de personnes le croient, c'est l'abandon de la science qui est irréligieux. Prenons une humble comparaison. Supposons un auteur qu'on saluerait tous les jours de louanges exprimées en style pompeux. Supposons que la sagesse, la grandeur, la beauté de ses ouvrages soient le sujet constant des louanges qu'on lui adresserait. Supposons que ceux qui louent sans cesse ses œuvres n'en aient jamais vu que la couverture, ne les aient jamais lues, n'aient jamais essayé de les comprendre. De quel prix pourraient être pour nous leurs éloges ? Que penserions-nous de leur sincérité ? Et pourtant, s'il est permis de comparer les petites choses aux grandes, voilà comment se conduit l'humanité en général envers l'univers et sa cause. Bien pis encore ! Non-seulement les hommes passent, sans les étudier, à côté de ces choses qu'ils proclament merveilleuses, mais ils blâment ceux qui se livrent à l'observation de la nature et les accusent de s'amuser à des bagatelles ; ils méprisent ceux qui prennent un intérêt actif à ces merveilles. Nous le répétons donc, ce n'est pas la science, mais bien l'indifférence pour la science qui est irréligieuse. L'amour de la science est un culte tacite ; c'est la reconnaissance tacite de la valeur des choses qu'on étudie et, par implication, de leur cause. Ce n'est pas un hommage rendu simplement de bouche, c'est un hommage rendu par les actes ; ce n'est pas un respect exprimé seulement par des paroles, c'est un respect prouvé par le sacrifice de son temps, de sa pensée et de son travail.

Ce n'est pas seulement de cette manière que la véritable science est essentiellement religieuse. Elle est religieuse aussi parce qu'elle fait naître un profond respect pour cette uniformité d'action qui se découvre en toutes choses, et une foi implicite en elle. Par ses expériences accumulées, l'homme de science acquiert une croyance inébranlable aux rapports immuables des phénomènes, à la relation invariable de cause à effet, à la nécessité des bons et des mauvais résultats. Au lieu des récompenses et des châtiments dont parlent les symboles traditionnels et que les hommes espèrent vaguement obtenir ou éviter en dépit de leur désobéissance, le savant découvre qu'il y a des récompenses et des châtiments qui découlent de la constitution ordonnée des choses, et que les mauvais résultats de la désobéissance sont inévitables. Il découvre que les lois auxquelles nous devons nous soumettre sont à la fois inexorables et bienfaisantes. Il voit que, lorsque nous nous y conformons, la marche des choses tend toujours vers une plus grande perfection, vers un plus grand bonheur. Alors il insiste sans cesse sur l'observation de ces lois, il s'indigne quand on les transgresse ; et c'est ainsi que, en affirmant les principes éternels des choses et la nécessité de leur obéir, il se montre essentiellement religieux.

Ajoutez à ces considérations un autre aspect religieux de la science : c'est qu'elle seule peut nous donner une juste idée de ce que nous sommes et de nos relations avec les mystères de l'être. En même temps qu'elle nous montre tout ce qu'on peut savoir, elle nous montre les limites au delà desquelles on ne peut savoir rien. Ce n'est point par des assertions dogmatiques qu'elle enseigne l'impossibilité de comprendre la cause ultime des choses; mais elle nous conduit à reconnaître clairement cette impossibilité, en nous faisant toucher, dans toutes les directions, les bornes que nous ne pouvons franchir. Elle nous fait sentir, comme rien autre ne peut le faire, la faiblesse de l'intelligence humaine en présence de ce qui passe cette intelligence. Tandis qu'à l'égard des traditions et des autorités humaines elle peut avoir une attitude fière, — fierté justifiée, — son attitude est humble, d'une humilité réelle, devant le voile impénétrable qui couvre l'Absolu. Le savant sincère, — et par ce nom nous n'entendons pas celui qui se contente de calculer des distances, d'analyser des composés ou d'étiqueter des espèces, mais celui qui, à travers des vérités d'ordre inférieur, cherche des vérités plus hautes, ou même la vérité suprême, — le véritable savant, disons-nous, est le seul homme qui sache combien est au-dessus, non pas seulement de notre connaissance, mais de toute conception humaine, la puissance universelle dont la nature, la vie, la pensée, sont des manifestations.

Nous concluons donc que, pour la discipline de l'homme, de même que pour sa direction, la science est de première valeur. A tous égards, apprendre le sens des choses vaut mieux qu'apprendre le sens des mots. Comme éducation intellectuelle, morale, religieuse, l'étude des phénomènes qui nous entourent est immensément supérieure à l'étude des grammaires et des lexiques.

Ainsi donc, à la question qui nous a servi de point de départ : Quel savoir a le plus de prix? la réponse uniforme est : La science. C'est le verdict pro-

noncé sur toutes les questions. Pour ce qui touche
à la conservation personnelle directe, à l'entretien
de la vie et de la santé, les connaissances qu'il est
important de posséder sont les connaissances scientifiques. S'il s'agit de pourvoir indirectement à cette
même conservation personnelle en gagnant sa vie,
les connaissances qu'il est important de posséder
sont encore les connaissances scientifiques. Dans
l'accomplissement des fonctions paternelles, le véritable guide dont on a besoin, c'est la science. Pour
l'intelligence de la vie nationale passée et présente
(intelligence sans laquelle le citoyen ne peut diriger
sa conduite), la clef indispensable, c'est la science.
Il en est de même pour ce qui touche aux produc-
tions de l'art et aux jouissances artistiques sous
toutes leurs formes : là encore, la préparation nécessaire, c'est la science. De même, pour la discipline intellectuelle, morale, religieuse, l'étude la
plus salutaire, c'est la science. La question qui,
d'abord, semblait si complexe, est devenue, pendant le cours de notre examen, comparativement
simple..... Nécessaires et éternelles, les vérités de la
science importent à l'humanité tout entière et dans
tous les temps. Dans l'avenir le plus éloigné, comme
aujourd'hui, il sera d'une suprême importance pour
la direction de leur conduite que les hommes possèdent la science de la vie, physique, intellectuelle
et sociale, et qu'ils possèdent toutes les autres
sciences, comme donnant la clef de la science de la
vie.....

CHAPITRE II

DE L'ÉDUCATION INTELLECTUELLE

Sommaire. — Il existe un rapport nécessaire entre le
système d'éducation adopté à une époque, et les institutions religieuses, politiques, juridiques, les idées
morales, économiques, scientifiques de cette époque (p. 52). — Le libre examen, qui a produit dans
le monde moderne les partis religieux, politiques,
philosophiques, a dû produire aussi en pédagogie,
de nos jours, plusieurs courants divergents (p. 55);
mais l'existence même de ces sectes pédagogiques
favorise la recherche de la vraie méthode d'éducation (p. 56). Déjà plusieurs vieilles erreurs sont
abandonnées, telles que la culture prématurée et
exclusive des facultés intellectuelles, l'habitude de
faire apprendre par cœur, ou d'enseigner les règles
avant que l'élève connaisse les faits particuliers
qu'elles résument (p. 57-61). On commence à développer chez l'enfant la faculté d'observation par les
leçons de choses, à lui présenter les faits concrets
avant les vérités abstraites; on cherche à rendre
l'étude agréable (p. 61-64). Le trait commun de
ces changements, c'est de conformer l'éducation à
la marche naturelle de l'évolution chez l'enfant
(p. 64-67); ce qui n'implique pas d'ailleurs un complet *laissez-faire*, l'enfant ayant besoin que la nourriture intellectuelle lui soit préparée et présentée dans
un certain ordre (p. 67-70).
Pestalozzi a reconnu, d'une manière générale, les vrais
principes; mais ses méthodes d'application sont im-
parfaites et quelquefois en contradiction avec sa
propre théorie (p. 70-74). — Principes généraux
d'éducation, qui peuvent être regardés comme établis : 1° l'esprit va du simple au composé; 2° l'esprit

va de l'indéfini au défini; 3° l'esprit va du concret à l'abstrait; 4° le développement individuel de l'enfant reproduit les phases du développement historique de l'humanité; 5° il faut procéder de l'empirique au rationnel; 6° il faut encourager le développement spontané (*self-development*); 7° l'activité intellectuelle est en elle-même agréable, et l'étude bien dirigée doit produire le plaisir, non le dégoût (p. 75-84).

Eclaircissements et observations sur les principes ci-dessus, exemples de leur application : l'exercice des facultés de perception du petit enfant (p. 84-87); les *leçons de choses* (p. 87-94); l'enseignement du dessin (p. 94-100), de la géométrie (p. 100-107).

Conclusion. Importance des deux principes fondamentaux : 1° l'acquisition des connaissances doit être le résultat de l'activité spontanée de l'enfant; 2° l'exercice normal des facultés étant agréable en soi, l'étude, si elle est bien dirigée, doit être attrayante. Nouveaux arguments à l'appui de ces deux principes (p. 107-113).

Il y a nécessairement du rapport entre les systèmes successifs d'éducation et les états sociaux successifs avec lesquels ils ont coexisté. Ayant une origine commune dans l'esprit national, les institutions de chaque époque, quel que soit leur objet, doivent avoir entre elles une ressemblance de famille. Quand les hommes recevaient leur credo tout fait, avec ses interprétations, de la bouche d'une autorité infaillible qui dédaignait de leur donner des explications, il était naturel que l'enseignement des enfants fût purement dogmatique. Quand la maxime de l'Eglise était : *Croyez et n'interrogez pas*, il convenait que ce fût là aussi la maxime de l'école. Par contre, aujourd'hui que le protestantisme a conquis pour les hommes faits le droit de libre examen, et qu'il a fait prévaloir l'habitude de l'appel à la raison, il est logique que l'instruction donnée à la jeunesse prenne la forme d'une exposition présentée à son intelligence. Pendant que régnait le despotisme politique, dur dans ses ordres, gouvernant par la crainte, punissant de mort les moindres délits, implacable dans sa vengeance à l'égard des rebelles, une discipline académique s'était simultanément développée, dure comme lui, multipliant les injonctions, prodiguant les coups pour les plus légères infractions à sa règle ; une discipline d'autocratie, maintenue par les verges, la férule et le cachot. L'accroissement de la liberté politique, l'abolition des lois restreignant la liberté individuelle, l'adoucissement du code criminel, ont été accompagnés d'un progrès de même nature vers une éducation moins coercitive : l'élève est moins retenu qu'il ne l'était par les prohibitions de toute espèce ; on emploie pour le conduire d'autres moyens que les châtiments. Dans ces temps ascétiques où les hommes, agissant d'après les principes de la plus grande souffrance, croyaient que plus ils se refusaient de jouissances, plus ils approchaient de la perfection, on devait nécessairement regarder comme la meilleure des éducations celle qui brisait le plus toutes les inclinations de l'enfant, et couper court à toute activité spontanée de leur part par ces mots stéréotypés : « Il est défendu de faire cela. » Au contraire, aujourd'hui qu'on en vient à considérer le bonheur comme un but légitime, aujourd'hui qu'on cherche à diminuer les heures de travail et à procurer au peuple des récréations agréables, parents et maîtres commencent à voir que la plupart des désirs de l'enfance peuvent, sans inconvénient, être satisfaits, que les jeux des enfants doivent être encouragés, et que les tendances naturelles d'un esprit qui se forme ne sont pas si diaboliques qu'on le supposait. Le siècle dans lequel on croyait que toute espèce d'industrie devait s'établir à l'ombre d'un régime de protection et de prohibition ; qu'il était nécessaire de régler la qualité et le prix des matières premières et des produits des manufactures ; et où l'on s'imaginait que le cours de l'argent peut être fixé par la loi : un pareil siècle devait entretenir l'idée que l'esprit d'un enfant peut être formé à volonté, que ses forces lui sont communiquées par le maître, que c'est un simple réceptacle pour les notions qu'on y jette et avec lesquelles on y construit un édifice à sa fantaisie. De nos jours, où nous commençons à apprendre que les choses portent en elles-mêmes, plus qu'on ne l'avait cru, leur règle et leur loi ; que le travail, le commerce, l'agriculture, la navigation, subsistent mieux sans réglementation que réglementés ; que les gouvernements politiques, pour être efficients, doivent sortir des entrailles de la société et non lui être imposés du dehors, nous commençons à apprendre aussi qu'il existe une marche naturelle de l'évolution mentale, à laquelle on ne peut mettre obstacle sans de graves dommages ; que nous ne pouvons pas plier l'esprit qui se développe à nos formes artificielles ; et que la psychologie a découvert, là aussi, une loi de corrélation entre l'offre et la demande, à laquelle nous devons nous conformer, si nous ne voulons pas produire le mal. Ainsi, dans son dogmatisme absolu, dans sa dure discipline et ses prohibitions multipliées, dans ses tendances ascétiques, dans sa foi aux plans d'invention humaine, le vieux système d'éducation était frère du système social dont il était contemporain ; tandis que, dans leurs caractères tout contraires, nos méthodes d'éducation modernes correspondent à nos institutions plus libérales, en matière religieuse et politique.

Mais il y a encore un parallélisme dont nous n'avons point parlé : c'est celui qui existe dans la manière dont ces changements ont été opérés et les différents états auxquels ils ont conduit l'opinion. Il y a quelques siècles, il y avait dans le monde uniformité de croyance sur la religion, la politique, l'éducation. Tout le monde était romaniste, monarchiste, aristotélien, et nul ne songeait à mettre en question cette routine de collège dans laquelle tous étaient élevés. Une même cause a remplacé dans tous les domaines cette uniformité d'opinion par une diversité toujours croissante. Cette tendance à l'affirmation de l'individualité, qui, après avoir contribué à produire le grand mouvement protestant, continue à donner naissance à un nombre de sectes qui augmente sans cesse; cette tendance qui a fait surgir les partis politiques et qui, de nos deux partis primitifs, tire tous les jours des partis nouveaux; cette tendance qui créa la grande rebellion baconienne contre l'école et qui a produit depuis, en Angleterre et ailleurs, tant de systèmes philosophiques divers, est la même qui a divisé les hommes sur le sujet de l'éducation et multiplié les méthodes. Ces progrès, conséquences extérieures d'un même changement intérieur, ont été nécessairement plus ou moins simultanés. Le déclin de l'autorité, papale, philosophique, royale, ou pédagogique, est essentiellement un seul et même phénomène; sous chacun de ses aspects, le penchant à la liberté d'action est également visible dans la manière dont le changement lui-même s'opère, et dans les nouvelles formes de théorie et de pratique auxquelles ce changement donne naissance.

Tandis que beaucoup de personnes regrettent cette multiplicité des systèmes d'éducation, l'observateur, qui voit les choses dans leur ensemble, y aperçoit un moyen par lequel on arrivera à établir à la fin un système rationnel. Quoi que l'on puisse penser des dissidences en religion, il est certain que les dissidences en matière d'éducation facilitent l'examen par la division du travail. Si nous possédions déjà la vraie méthode, il va sans dire que tout écart de cette méthode serait un mal; mais, la vraie méthode étant encore à trouver, les efforts des chercheurs nombreux et indépendants qui poussent leurs recherches dans des directions différentes, constituent, pour la découvrir, un moyen meilleur qu'aucun de ceux qu'on pourrait inventer. Chacun ayant son idée, idée qui est probablement plus ou moins fondée sur les faits ; chacun étant zélé pour son projet, fertile en expédients pour en éprouver la justesse, infatigable dans ses efforts pour en faire connaître les résultats, et chacun critiquant les autres sans ménagement, il ne peut manquer d'arriver que, par la composition des forces, tous ne soient amenés à se rapprocher graduellement de la bonne direction. Ce que chacun aura trouvé de vrai, de propre à faire partie de la méthode normale, doit réussir, par la publicité et l'expérience, à se faire reconnaître et adopter. Les erreurs dans lesquelles on sera tombé doivent, par les mêmes moyens, finir par être rejetées. Et, par cette agrégation de vérités et cette élimination d'erreurs, un corps complet de doctrines vraies doit, plus tard, se trouver formé. Dans les trois phases que l'opinion traverse, — l'unanimité des ignorants, les dissentiments des chercheurs, et l'unanimité des sages, — il est manifeste que la deuxième phase est celle qui produit la troisième. Il n'y a pas entre elles un simple rapport de succession dans le temps, mais un rapport de cause à effet. Quelle que soit donc l'impatience avec laquelle nous puissions voir le conflit actuel entre les systèmes d'éducation, quelque regret que nous puissions éprouver des inconvénients qui l'accompagnent, nous sommes obligés de reconnaître que c'est une phase de transition par laquelle il faut passer, et que le bien en sortira.

En attendant, nous pouvons déjà profiter des progrès accomplis. Après cinquante ans de discussions, d'expériences, de résultats comparés, n'avons-nous pas fait déjà quelques pas vers le but ? Quelques-unes de nos vieilles méthodes sont tombées en désuétude ; d'autres, plus nouvelles, ont été mises en usage ; il y en a beaucoup qui sont en voie d'être abandonnées ou adoptées. Il est probable qu'en comparant ces changements entre eux, nous leur trouverons des caractères semblables, une tendance commune ; et ainsi l'expérience nous fournira un fil conducteur et nous suggérera les moyens d'arriver à de nouveaux perfectionnements. Donnons donc, d'abord, et comme préliminaires à un examen plus approfondi, un coup d'œil aux différences principales qui existent entre l'éducation actuelle et l'éducation d'autrefois.

Quand on abandonne une erreur, il arrive ordinairement qu'on tombe, pendant un temps, dans l'erreur opposée ; et c'est ainsi qu'après une suite de siècles pendant lesquels le développement du corps était le seul objet de l'éducation, une suite de siècles est venue, pendant lesquels on n'avait en vue que la culture de l'esprit. Alors on a mis des livres dans les mains des enfants de deux ou trois ans, et l'on a cru que le savoir était la seule chose nécessaire. Comme il arrive naturellement encore après une de ces réactions, on a fait un nouveau pas, en coordonnant les erreurs contraires, et l'on s'est aperçu qu'elles forment deux aspects opposés de la même vérité. De cette manière, nous en sommes arrivés à la conviction que le corps et l'esprit doivent être l'objet de la même sollicitude et que l'être humain doit être développé tout entier.

Le système de serre chaude a été abandonné par beaucoup de personnes, et l'on n'a plus cherché à favoriser la précocité chez les enfants. On commence à s'apercevoir que la première condition de succès pour l'homme dans la vie, c'est d'être, comme on l'a dit, « un bon animal (1). » Le cerveau le mieux organisé ne lui servira de rien, s'il ne possède pas une force vitale suffisante pour le mettre en œuvre. Obtenir l'un, sans conserver la source de l'autre, est aujourd'hui regardé comme une folie : folie que les résultats donnés par les jeunes prodiges démontrent chaque jour. Nous découvrons par là la sagesse du proverbe qui dit qu'en matière d'éducation « il faut savoir perdre du temps. »

L'habitude, autrefois universellement répandue, d'apprendre par cœur, tombe tous les jours en discrédit. Toutes les autorités modernes condamnent la vieille méthode mécanique d'enseigner l'alphabet. On apprend souvent maintenant la table de multiplication par la méthode expérimentale. Dans l'enseignement des langues, on substitue déjà aux procédés des collèges d'autres procédés imités de ceux que suit spontanément l'enfant quand il apprend sa langue maternelle. Le Rapport sur l'Ecole normale de Battersea (2) et sur les méthodes qu'on y emploie dit : « L'enseignement, dans tout le cours préparatoire, est principalement oral, et rendu plus clair par des démonstrations tirées de la nature. » Ainsi du reste. Le système qui consiste à faire apprendre les enfants par cœur, comme tous les systèmes suivis à la même époque, donnait à la formule et au symbole plus d'importance qu'à la chose formulée ou symbolisée. Répéter les mots correctement suffisait, les comprendre était inutile ; et de cette façon, l'esprit était sacrifié à la lettre. On reconnaît enfin que, dans ce cas comme dans les autres, un pareil résultat n'est pas accidentel, mais

(1) Cette expression, que M. Spencer citera encore plus loin dans son chapitre de l'Education physique, est du philosophe américain Emerson.

(2) L'École normale de Battersea, située dans un faubourg de Londres, est destinée à la préparation des instituteurs primaires.

inévitable ; que plus on donne d'attention au signe, moins on en donne à la chose signifiée ; ou que, ainsi que l'a dit Montaigne il y a longtemps : *Sçavoir par cœur n'est pas sçavoir.*

En même temps qu'on abandonne l'usage de faire apprendre les enfants par cœur, on abandonne aussi peu à peu l'usage, qui l'accompagne, d'enseigner par les règles. Commencer par les cas particuliers et finir par la généralisation, telle est la méthode nouvelle, — méthode qui, ainsi que le remarque le Rapport sur les Ecoles de Battersea, « est prouvée par l'expérience être la bonne, quoiqu'elle soit diamétralement contraire à celle ordinairement suivie qui consiste à donner d'abord les règles à l'élève. » L'enseignement par les règles est maintenant condamné, comme ne conduisant qu'à la connaissance empirique et donnant l'apparence du savoir sans la réalité. Présenter à l'esprit le produit net de la recherche, sans faire passer cet esprit par la recherche elle-même, est regardé comme une méthode à la fois énervante et inefficace. Les vérités générales, pour être d'un réel et permanent usage, doivent être conquises. *Bien qui vient aisément s'en va de même*, est un proverbe qui peut être appliqué à la science comme aux richesses. Tandis que les règles sont constamment oubliées, parce que, restant isolées dans l'esprit, elles ne font pas corps avec les autres notions qu'il contient et n'en sont pas une conséquence ; les principes dont ces règles sont autant d'expressions fragmentaires, demeurent la propriété inaliénable de l'intelligence, lorsque celle-ci en a conquis elle-même la possession. Le jeune homme qui a été instruit par des règles ne sait plus que faire dès que les règles lui font défaut ; tandis que celui qui possède les principes résout les cas nouveaux aussi aisément que les cas anciens. Entre un esprit qui ne connaît que les règles et un esprit qui est arrivé à saisir les principes, il existe la même

différence qu'entre un amas confus de matériaux
et ces mêmes matériaux organisés en un tout complet, dont toutes les parties sont liées ensemble. Ce
dernier type a sur l'autre non seulement l'avantage que ses parties constituantes sont mieux liées,
mais cet avantage beaucoup plus grand de former
un agent de recherches, de pensée indépendante, de
découvertes, — tâche que l'autre ne peut remplir.
Et qu'on ne croie pas qu'il n'y ait ici qu'une simple
comparaison; cette comparaison exprime littéralement la vérité. Le groupement des faits en généralisations est positivement l'organisation du savoir,
considéré soit objectivement, soit subjectivement;
et la force d'un esprit peut être appréciée par la
mesure dans laquelle cette organisation est réalisée.

De la substitution des principes aux règles toutes
faites, et de l'usage qui en découle de laisser de
côté les abstractions jusqu'à ce que l'esprit soit
familiarisé avec les faits, est résulté l'ajournement
d'études qu'on plaçait autrefois au commencement
des cours. C'est ainsi qu'on a renoncé à cette coutume absurde d'enseigner la grammaire aux jeunes
enfants. Comme le dit M. Marcel (1), « on peut affirmer sans hésitation que la grammaire n'est pas le
point de départ, mais l'instrument de perfectionnement. » M. Wyse (2) raisonne ainsi à ce sujet : « La
grammaire et la syntaxe sont une collection de lois
et de règles. Les règles sont tirées de la pratique ;

(1) M. Claude Marcel, qui fut pendant de longues années consul de France en Angleterre, a publié en anglais un remarquable ouvrage intitulé *Le langage comme
moyen de culture intellectuelle et de communication internationale*. Il a plus tard développé, dans plusieurs
écrits en langue française, ses idées sur l'enseignement
des langues et ses principes d'éducation.
(2) M. Thomas Wyse, membre du Parlement anglais,
s'est fait dans son pays une notoriété par ses travaux
sur l'éducation. Il a publié en 1837 un *Traité sur la réforme de l'éducation (Treatise on Education Reform)*.

elles sont les résultats d'inductions auxquelles nous arrivons par la longue observation et la comparaison des faits. C'est enfin la science, la philosophie du langage. Si nous consultons la marche de la nature, nous voyons qu'elle ne conduit jamais les individus ni les nations à la science en premier lieu. Une langue est parlée, des poèmes sont écrits longtemps avant qu'on ait songé à la grammaire et à la prosodie. On n'a pas attendu pour raisonner qu'Aristote eût construit l'édifice de sa logique. » En résumé, comme la grammaire a été faite après la langue, elle doit être enseignée après la langue : c'est la conclusion dont la nécessité sera reconnue par tous ceux qui connaissent le rapport entre l'évolution de l'individu et l'évolution de l'espèce.

Parmi les nouvelles habitudes qui se sont formées pendant le déclin des anciennes, la plus importante est celle de développer systématiquement chez l'enfant la faculté d'observation. Après de longs siècles d'aveuglement, on s'aperçoit enfin que l'activité spontanée chez l'enfant des facultés qui se rapportent à l'observation a sa signification et son utilité. Ce qu'on regardait autrefois chez lui comme une curiosité sans but, comme un jeu, comme de la malice, selon le cas, est maintenant reconnu pour être le procédé par lequel l'esprit humain acquiert les connaissances sur lesquelles toute sa science future sera fondée. De là est né le système bien conçu, mais mal appliqué, des *leçons de choses*. L'axiome de Bacon : que la physique est la mère des sciences (1), est enfin admis en éducation. Sans une connaissance exacte des propriétés visibles et tangibles des objets, nos conceptions doivent être fausses, nos déductions erronées, nos opérations d'esprit stériles. « Quand l'éducation des sens est

(1) Le mot *physique* doit être pris ici dans le sens très étendu qu'autorise l'étymologie, comme synonyme de science de la nature en général.

négligée, tout le reste de l'éducation se ressent
de leur paresse, de leur engourdissement, de leur
insuffisance, d'une façon irrémédiable ! » Il est
certain que, si nous y réfléchissons, nous voyons
que de la puissance d'observation dépend le succès
en toutes choses. Ce n'est pas seulement l'artiste, le
naturaliste, l'homme de science qui en a besoin; ce
n'est pas seulement le médecin, qui y puise la
sûreté de son diagnostic; ce n'est pas seulement
l'ingénieur, à qui elle est si nécessaire qu'il doit
passer plusieurs années dans l'atelier de construction pour l'acquérir : c'est aussi le philosophe, qui
en dépend plus que personne, puisque le philosophe
est, au fond, un homme qui *observe* les rapports
des choses, là où les autres hommes n'ont point
aperçu ces rapports ; et c'est également le poète,
puisque le poète est un homme qui *voit* les beautés
de la nature, beautés que nous saisissons tous
quand on nous les montre, mais que nous n'avions
point remarquées auparavant. Il n'y a rien sur quoi
l'on doive insister davantage que sur l'importance
essentielle de recevoir des impressions vives et
complètes. On ne construit point un édifice de
sagesse solide avec des matériaux pourris.

Pendant que la vieille méthode de présenter la
vérité sous la forme abstraite est tombée en désuétude, on en a adopté une nouvelle, celle de présenter la vérité sous la forme concrète. Les faits
élémentaires des sciences exactes s'apprennent
maintenant par l'intuition directe, comme on
apprend à connaître les textures, les goûts, les
couleurs. L'emploi du boulier dans les premières
leçons d'arithmétique est un exemple de cette méthode nouvelle. Il en est de même de la méthode
d'expliquer la notation décimale, proposée par le
professeur De Morgan (1). M. Marcel, répudiant avec

(1) M. A. De Morgan, professeur à l'Université de
Londres, auteur de travaux estimés sur divers points

raison le vieux système des tables, enseigne les poids et les mesures en présentant à l'élève des aunes, des pieds, des livres, des onces, des gallons, des pintes; et il fait trouver à l'élève leurs rapports par l'expérimentation. L'emploi des reliefs et des solides géométriques dans l'enseignement de la géographie et de la géométrie est un fait du même ordre. Manifestement, le trait commun de toutes ces méthodes, c'est qu'elles conduisent l'esprit de l'enfant par les chemins qu'a suivis l'esprit de l'humanité. Les vérités relatives au nombre, à la forme, aux rapports de position, ont toutes été tirées des objets matériels, et les présenter à l'enfant au point de vue concret, c'est les lui faire apprendre comme le genre humain les a apprises. On verra peut-être bientôt qu'il est impossible qu'il les apprenne autrement; car, si on les lui fait répéter sous la forme de vérités abstraites, ces abstractions n'ont de sens pour lui que lorsqu'il a découvert qu'elles sont simplement l'énoncé de ce qu'il discerne intuitivement.

Mais, de tous les changements qui se produisent, le plus significatif est le désir croissant de rendre l'étude agréable plutôt que pénible, désir fondé sur la perception plus ou moins claire de ce fait : que le genre d'activité intellectuelle qui plaît à chaque âge est précisément celui qui est salutaire, et *vice versa*. L'opinion commence à se répandre de plus en plus que, lorsqu'un esprit en voie de développement éprouve un genre de curiosité, c'est qu'il est devenu propre à s'assimiler l'objet de cette curiosité et que cet objet est devenu nécessaire à son progrès; que, par contre, le dégoût qu'il éprouve pour tel ou tel genre d'étude prouve que l'objet de cette étude lui est présenté prématurément ou sous une

des mathématiques. Grand partisan du système décimal, il a été un des premiers à en proposer l'application au système monétaire anglais.

forme indigeste. De là les efforts qu'on fait pour rendre l'étude amusante dans la première enfance et intéressante plus tard. De là les conférences sur la valeur des jeux dans l'éducation. De là les plaidoyers en faveur des chansons de nourrices et des contes de fées. Tous les jours, on conforme davantage les plans d'éducation au goût des enfants. L'enfant aime-t-il ce genre d'étude? y prend-il quelque goût? demandons-nous sans cesse. « Son goût naturel pour la variété doit être satisfait, dit M. Marcel, et l'on doit se servir de sa curiosité pour son instruction. Les leçons doivent finir avant qu'il montre des signes de fatigue. » Il en est de même pour l'instruction ultérieure. Le court repos pendant les heures d'étude, les excursions dans la campagne, les lectures amusantes, les chants en chœur, toutes ces nouvelles pratiques sont autant de traits du changement survenu. L'ascétisme disparaît de l'éducation, comme il disparaît de la vie; et la pierre de touche ordinaire qui nous sert à mesurer la valeur d'une législation politique — contribue-t-elle à nous rendre plus heureux? — commence à être appliquée aussi de plus en plus à la législation de l'école et de la *nursery*.

Et maintenant, quel est le trait commun de ces différents changements? N'est-ce pas la tendance à se conformer de plus en plus aux procédés de la nature? L'abandon de la culture hâtive, culture contre laquelle se révolte la nature, le soin de laisser les premières années servir au développement des membres et des sens, en sont la preuve. La substitution aux leçons apprises par cœur de leçons orales et expérimentales, comme celles qu'on recueille dans les champs et dans les jardins où les enfants s'ébattent, en est la preuve. L'abandon de l'enseignement par les règles et l'adoption de l'enseignement par principes, qui ne présente les généralisations que lorsque l'élève connaît les faits particuliers sur lesquels elles sont fondées, est une autre preuve de ce progrès. Il se manifeste encore dans le système des leçons de choses, dans l'enseignement concret et non abstrait des éléments de la science. Et surtout cette tendance se montre dans les efforts faits dans toutes les directions, pour présenter l'étude sous des formes attrayantes, pour la rendre agréable. Car, puisqu'il est dans l'ordre de la nature que chez toutes les créatures le plaisir qui accompagne les fonctions nécessaires serve de stimulant à leur accomplissement, puisque, dans la période de l'éducation spontanée, le plaisir que trouve le petit enfant à mordre un bâton de corail ou à briser ses jouets le porte à des actions qui lui font connaître les propriétés de la matière, il s'ensuit que, en choisissant et présentant les sujets d'étude dans l'ordre et de la manière qui intéressent le plus l'élève, nous obéissons aux volontés de la nature et nous mettons nos procédés en harmonie avec ses lois.

Nous sommes donc ainsi mis sur la voie de la doctrine depuis longtemps proclamée par Pestalozzi, à savoir que, dans son ordre comme dans ses méthodes, l'éducation doit se conformer à la marche naturelle de l'évolution mentale; qu'il y a un certain ordre de succession pour le développement spontané des facultés, et un genre particulier de connaissances que chacune de ces facultés réclame pendant son développement; et que c'est à nous à découvrir cet ordre et à fournir aux facultés leurs aliments. Toutes les améliorations que nous avons rapportées plus haut sont des applications partielles de ce principe général. Une idée vague de cette vérité commence à se répandre parmi les instituteurs, et elle s'établit tous les jours davantage dans les ouvrages sur l'éducation. « La méthode de la nature est l'archétype des méthodes, » dit M. Marcel. « Le principe vital de l'enseignement, écrit M. Wyse, c'est d'apprendre à l'élève à s'instruire lui-même comme il faut. » Plus la science nous familiarise avec la constitution des choses, plus nous voyons que celles-ci portent en elles-mêmes leur raison d'être et leurs lois. Plus notre connaissance s'élève, plus nous sommes disposés à restreindre notre immixtion dans la marche de la nature. De même qu'en médecine le *traitement héroïque* d'autrefois a fait place à un traitement plus doux, et qu'on s'abstient souvent de tout traitement, en se bornant à un régime régulier; de même qu'on a reconnu inutile de mouler le corps des nourrissons dans des maillots, à la façon des Papous et autres barbares; de même encore qu'on a découvert qu'aucune discipline, si habilement combinée qu'elle puisse être, ne vaut pour la moralisation d'un détenu la discipline naturelle du pain quotidien gagné par le travail; de même aussi, en matière d'éducation, nous nous apercevons que nous ne pouvons obtenir le succès qu'en subordonnant nos moyens à ce développement spontané par lequel passent tous les esprits pour parvenir à la maturité.

Il va sans dire que ce principe fondamental de l'éducation, à savoir que la distribution des études et leur méthode doivent correspondre à l'ordre d'évolution et au mode d'activité des facultés, principe si visiblement vrai qu'une fois établi il semble évident par lui-même, n'a jamais été complètement mis en oubli. Les maîtres y ont nécessairement eu égard dans leurs cours d'études scolaires, par la bonne raison que l'éducation n'est possible qu'à cette condition. On n'a jamais enseigné la règle de trois aux enfants avant qu'ils eussent appris à faire des additions. On ne leur a jamais fait faire de compositions avant qu'ils sussent écrire. Les sections coniques ont toujours été précédées par la géométrie élémentaire. Mais l'erreur des vieilles méthodes consiste en ceci : qu'elles n'admettent point dans le détail ce qu'elles sont obligées de reconnaître en général. Cependant le principe s'applique à tout. Si des années doivent s'écouler depuis le moment où l'enfant peut concevoir le rapport de position entre deux objets, jusqu'au moment où il peut concevoir la terre comme une sphère formée de continents et de mers, couverte de montagnes, de forêts, de rivières et de villes, roulant sur son axe et tournant autour du soleil; s'il passe, par degrés, d'une notion à l'autre; si les notions intermédiaires sont de plus en plus étendues et diverses, n'est-il pas évident qu'il existe un ordre général de succession par lequel il doit passer; que chaque notion plus étendue se compose de notions moindres qu'elle présuppose; et que présenter ces notions composées à l'enfant avant qu'il en possède les éléments, est à peu près aussi absurde que de lui présenter la notion finale de la série avant la notion initiale? Pour se rendre maître d'un sujet, il faut passer par une suite d'idées de plus en plus complexes. L'évolution des facultés correspondantes consiste dans l'assimilation de ces idées : ce qui en réalité est impossible, si elles ne sont pas présentées à l'esprit dans l'ordre normal. Et, quand cet ordre n'est pas observé, il en résulte qu'elles sont reçues avec apathie, avec dégoût; et que, à moins que l'élève ne soit assez intelligent pour combler lui-même au besoin les lacunes, ces idées restent dans sa mémoire à l'état de faits morts, dont il ne peut guère se servir.

Mais pourquoi, dira-t-on, nous mettre en peine de chercher un système d'éducation? S'il est vrai que l'esprit, comme le corps, a son évolution déterminée d'avance; s'il se développe spontanément; si son appétit pour tel ou tel genre de connaissances s'éveille quand ces connaissances sont nécessaires à sa nutrition; s'il possède en lui-même un stimulant au genre d'activité dont il a besoin à chaque période de son développement, pourquoi intervenir d'aucune manière? Pourquoi ne pas livrer les enfants *complétement* à la discipline de la nature? Pourquoi ne pas rester tout à fait passif, et les laisser acquérir la science comme ils pourront? Pourquoi ne pas être conséquent jusqu'au bout? Ceci est une question qui paraît embarrassante. Comme elle implique, d'une façon en apparence plausible, qu'un système de complet *laisser-faire* est la conclusion logique des doctrines que nous venons d'exposer, il semble qu'il soit fourni une preuve contre elles par la *réduction à l'absurde*. Cependant, quand elles sont bien comprises, ces doctrines ne nous placent point dans cette position insoutenable. Un coup d'œil jeté sur les analogies matérielles le montrera clairement. C'est une loi connue de la vie que plus un organisme à produire est complexe, plus la période pendant laquelle il dépend pour sa nourriture et pour sa protection de l'organisme qui l'engendre est prolongée. La différence entre le spore ténu d'une conferve, vivant de sa vie propre, rapidement formé, et le germe lentement développé d'un arbre, avec ses enveloppes multipliées et l'approvisionnement de nourriture qu'elles contiennent pour alimenter le germe pendant les premières périodes de son développement, fournit dans le monde végétal la preuve de ce fait. Dans le monde animal, nous pouvons le reconnaître dans une série de contrastes, depuis la monade dont les deux moitiés, après s'être spontanément divisées, se suffisent séparément à elles-mêmes aussi complètement qu'elles se suffisaient quand elles formaient un tout, jusqu'à la créature humaine, qui non seulement passe par une gestation prolongée et a besoin d'une longue lactation pour vivre, mais attend ensuite qu'on lui présente ses aliments, puis, pendant longtemps encore, dépend de ses parents pour la nourriture, l'abri, le vêtement, et n'est en état de se suffire à elle-même que quinze ou vingt ans après sa naissance. Or cette loi s'applique à l'esprit comme au corps. Pour ce qui est de la nourriture de l'esprit, tout être supérieur, spécialement l'homme, dépend d'abord du secours de l'adulte. Comme le petit enfant ne peut se mouvoir, il lui est aussi impossible de se procurer lui-même les matériaux nécessaires à l'exercice de ses facultés de perception, qu'il lui est impossible de se procurer les aliments que son estomac réclame. Comme il ne peut préparer sa nourriture, il ne peut pas non plus ramener ses connaissances à la forme sous laquelle elles lui sont assimilables. Le langage, cet agent par lequel nous acquérons toutes les vérités d'ordre supérieur, lui est transmis par ceux qui l'entourent. Et nous voyons, par des exemples semblables à celui du petit sauvage de l'Aveyron (1), qu'il survient un arrêt dans le développement humain, quand il n'est pas aidé par les parents ou la nourrice. Ainsi, en présentant jour par jour à l'enfant les faits à sa portée, en les préparant d'une manière convenable, en lui en mesurant la quantité, et en mettant entre les leçons les intervalles voulus, on a un champ d'activité aussi large devant

(1) L'enfant abandonné connu sous le nom de *sauvage de l'Aveyron* fut découvert en 1798 dans les bois de Caune (Aveyron), où il vivait absolument seul, se nourrissant de racines et de fruits sauvages. Il fut conduit à l'hospice de Saint-Affrique, puis à Rodez, et envoyé ensuite à Paris, où il fut placé à l'institution des sourds-muets. Il semblait âgé alors d'environ douze ans, et, d'après le témoignage des paysans du canton où il fut trouvé, il y avait sept ans qu'il errait ainsi dans les forêts. On ne put jamais rien découvrir sur son origine. Tous les efforts qui furent faits pour lui enseigner à parler restèrent à peu près sans résultat, quoique d'ailleurs il ne manquât pas d'intelligence : son langage demeura limité à un petit nombre d'exclamations et de mots usuels.

soi pour ce qui est de la nourriture de l'esprit que
pour ce qui est de la nourriture du corps. Dans
l'un et l'autre cas, la principale fonction des parents consiste à veiller à ce que les conditions
requises pour le développement de l'enfant ne
fassent pas défaut. Et de même qu'en procurant
à l'enfant la nourriture, le vêtement et l'abri, ils
n'interviennent pas dans le développement spontané
des membres et des viscères, lequel suit sa marche
et sa loi, de même ils peuvent lui fournir des sons
à imiter, des objets à examiner, des livres à lire,
des problèmes à résoudre, sans troubler en aucune manière, et même en la facilitant beaucoup,
la marche naturelle de l'évolution mentale. Il suffit
pour cela qu'ils n'usent de coercition ni directe ni
indirecte. Il s'ensuit que les doctrines que nous
avons énoncées n'impliquent pas, comme on pourrait le prétendre, l'abandon de tout enseignement.
Elles laissent, au contraire, un vaste champ pour
établir un système actif et soigneusement élaboré
d'éducation.

Passant des généralités aux considérations particulières, on peut remarquer que, dans la pratique,
le système de Pestalozzi n'a guère rempli les pro-
messes que contenait sâ théorie. Les enfants, nous
dit-on, ne paraissent prendre aucun plaisir aux
leçons données selon ce système ; ils semblent plutôt y trouver de l'ennui ; et, jusqu'ici, les écoles
pestalozziennes n'ont point fourni une proportion
extraordinaire d'hommes distingués ; peut-être même
ont-elles à peine atteint la proportion moyenne.
Cela ne nous surprend point. Le succès d'une méthode dépend de l'intelligence avec laquelle elle
est appliquée. C'est une vérité bien connue que les
meilleurs outils font de mauvais ouvrage dans la
main d'un mauvais ouvrier ; nous dirons de même
que de mauvais maîtres échoueront avec les meil-

leures méthodes. C'est l'excellence même de la méthode qui devient alors la cause de l'insuccès, de même que, pour continuer la comparaison, la perfection de l'outil est, dans une main inhabile, une source d'imperfection dans les résultats. Une méthode simple, invariable, presque mécanique, comme l'est l'ancienne routine, peut être appliquée par les esprits les plus ordinaires, et produire sûrement le peu de bons effets qu'elle est susceptible de donner; mais un système d'éducation complet, système aussi divers dans ses applications que l'esprit en ses facultés, un système qui demande l'emploi d'un moyen spécial pour chaque objet spécial, exige chez ceux qui sont chargés de l'appliquer une force d'intelligence que peu d'hommes possèdent. Toute maîtresse d'école peut faire épeler des petites filles, le premier maître venu peut dresser des garçons à répéter la table de multiplication; mais pour enseigner la lecture par le système qui n'emploie pas les noms des lettres et se borne à faire entendre leur son, ou pour exercer les élèves aux opérations du calcul au moyen d'une synthèse expérimentale, une certaine intelligence est nécessaire; et pour poursuivre l'application d'un pareil système rationnel pendant le cours entier des études, il faut un degré de jugement, d'invention, de sympathie intellectuelle, de puissance d'analyse, qu'on n'y apportera jamais, tant que la carrière de l'enseignement ne sera pas tenue en plus haute estime. La véritable éducation ne peut être donnée que par un vrai philosophe. Qu'on juge des chances qui attendent aujourd'hui une méthode philosophique! Nous ne savons presque rien encore en psychologie, et nous n'avons guère dans nos écoles, comme instituteurs, que des hommes qui ignorent tout à fait le peu que l'on sait en ces matières : comment pourrait donc réussir un système qui repose tout entier sur la science psychologique?

Il est résulté une autre difficulté et plus de découragement encore de la confusion qu'on a faite entre le principe pestalozzien et les formes sous lesquelles il a été présenté. Parce que les plans particuliers d'application qui ont été imaginés n'ont pas répondu à l'attente de leurs auteurs, on a jeté du discrédit sur la doctrine qui y est associée, et cela sans s'informer si les plans et la doctrine étaient réellement bien d'accord. Jugeant, comme à l'ordinaire, au point de vue concret plutôt qu'au point de vue abstrait, on a condamné la théorie, parce qu'elle avait été maladroitement appliquée. C'est comme si l'on eût dit que le premier essai mal conçu de machine à vapeur prouvait que la vapeur ne pouvait point être utilisée comme force motrice. Qu'on n'oublie pas que, si Pestalozzi était dans le vrai quant à ses idées fondamentales, il ne s'ensuit pas qu'il fût aussi dans le vrai quant aux applications qu'il en a faites. Tel qu'il est peint par ses admirateurs eux-mêmes, Pestalozzi était un homme d'intuitions partielles; un homme qui avait des éclairs de lumière, plutôt qu'un penseur systématique. Son premier grand succès à Stanz a été obtenu en l'absence de tout livre et de tous les moyens ordinaires d'enseignement; il ne s'occupait alors « que de chercher à tout moment quel genre de connaissances réclamait l'esprit de ses enfants, et quelle était la meilleure manière de les relier avec celles qu'ils possédaient déjà. » Une grande partie de sa force venait, non d'un plan d'éducation qu'il aurait mûri et raisonné avec calme, mais de la puissance de sympathie qui lui donnait une perception vive des besoins des enfants et des difficultés qui les arrêtaient. Il lui manquait la faculté de développer et de coordonner d'une façon logique les vérités dont son esprit se saisissait de temps en temps. Il laissait en grande partie cette tâche à ses aides, Krüsi, Tobler, Buss, Niederer et Schmid. Le résultat est que, dans les détails, ses plans, et plus encore les plans faits par ses assistants, contiennent beaucoup de choses non mûries et d'inconséquences. Sa méthode d'éducation pour les enfants en bas âge, exposée dans le *Manuel des mères* (1), qui commence par la nomenclature des différentes parties du corps, puis qui spécifie leurs positions relatives et ensuite leurs rapports, n'est pas du tout conforme à la marche naturelle de l'esprit dans la période initiale de son évolution. Sa manière d'enseigner la langue maternelle, par des exercices formels sur le sens des mots et sur la construction des phrases, n'a aucune valeur et constitue une perte de temps, de travail et de bonheur pour l'enfant. Les leçons de géographie qu'il propose s'écartent tout à fait de la doctrine pestalozzienne. Souvent, là où son plan est bon, il se trouve qu'il est incomplet ou vicié par quelque reste du vieux régime. Ainsi donc, tandis que nous approuvons entièrement la doctrine générale de Pestalozzi, nous pensons qu'on peut faire beaucoup de mal, en adoptant sans examen ses méthodes particulières. La tendance persistante de l'humanité à donner une sorte de consécration aux formes et aux pratiques sous l'enveloppe desquelles on lui a transmis quelque grande vérité, sa disposition à se prosterner devant le prophète et à jurer par chacune de ses paroles, sa facilité à prendre le vêtement de l'idée pour l'idée elle-même, tout cela rend nécessaire d'insister sur la distinction à faire entre les principes fondamentaux du système de Pestalozzi et l'ensemble de moyens qu'on a imaginés pour les appliquer, et de faire remarquer que, tandis que les uns peuvent être considérés

(1) Le *Manuel des mères* n'a pas été écrit par Pestalozzi lui-même, mais par un de ses collaborateurs. Comme le dit M. Spencer, Pestalozzi s'en est le plus souvent remis, pour les essais d'application de sa doctrine, au zèle quelquefois peu éclairé de ses disciples.

comme établis, les autres ne sont que des ébauches qui ont besoin d'être retouchées et corrigées. En effet, avant qu'on puisse mettre les méthodes d'enseignement en harmonie, comme caractère et comme arrangement, avec les facultés mentales dans leur mode et dans leur ordre de développement, il faut d'abord que l'on sache parfaitement comment ces facultés se développent. Jusqu'à présent, nous n'avons acquis sur ce point que quelques notions générales. Il faut, des notions générales, avoir passé aux notions détaillées; il faut que ces notions soient transformées en une multitude de propositions particulières, pour qu'on puisse dire que nous possédons la *science* sur laquelle l'*art* de l'éducation doit être fondé. Et après qu'on saura définitivement dans quelle succession, par quelles combinaisons, les facultés entrent en jeu, il restera à choisir, entre tous les moyens possibles d'exercer chacune d'entre elles, celui qui est le plus conforme au mode d'action de la nature. Évidemment, on ne peut supposer que nos méthodes d'enseignement les plus avancées soient ce qu'elles doivent être, ni même qu'elles en approchent.

Ayant donc présente à l'esprit cette distinction entre la théorie et la pratique dans le système de Pestalozzi, et comprenant que, par les raisons que nous en avons données, la dernière doit nécessairement être défectueuse, le lecteur estimera à sa vraie valeur le désappointement que quelques personnes ont exprimé au sujet de ce système; il verra que l'idée pestalozzienne est encore à réaliser. Si l'on prétendait, cependant, en se fondant sur ce que nous avons dit, que cette réalisation n'est point praticable de nos jours et qu'il faut consacrer tous nos efforts à des recherches préliminaires, nous répondrions que, bien qu'il ne soit point possible de rendre parfait, ni dans le fond ni dans la forme, aucun système d'éducation avant qu'une psychologie rationnelle ait été établie, on peut, à l'aide de certains principes dirigeants et par des moyens empiriques, faire quelques progrès vers la perfection désirée. Pour ouvrir la voie à des recherches plus étendues, nous allons indiquer ces principes. Quelques-uns d'entre eux sont plus ou moins clairement impliqués dans les considérations précédentes. Mais il n'est pas hors de propos de les exposer tous dans leur ordre logique.

1. Qu'en éducation il faille procéder du simple au composé, c'est là une vérité sur laquelle on s'est, dans une certaine mesure, toujours fondé. L'esprit se développe. Comme toutes les choses qui se développent, il progresse de l'homogène à l'hétérogène; et, comme un système normal d'éducation est la contre-partie objective de cette marche subjective, il doit contenir la même progression. De plus, cette formule, ainsi interprétée, a une portée bien plus étendue qu'on ne le croit d'abord; car son principe implique non seulement que nous devons procéder du simple au composé dans l'enseignement de chaque branche de la science, mais que nous devons en faire de même en ce qui touche à la connaissance tout entière. Comme l'esprit se compose d'abord d'un petit nombre de facultés actives, et que les facultés développées en lui plus tard entrent successivement en jeu, jusqu'à ce qu'enfin elles fonctionnent toutes simultanément, il s'ensuit que l'enseignement ne doit embrasser d'abord qu'un petit nombre de sujets, successivement accrus, jusqu'à ce qu'il les comprenne tous. Ce n'est pas seulement dans les détails que l'éducation doit procéder du simple au composé, c'est aussi dans l'ensemble.

2. Le développement de l'esprit, comme tous les autres développements, est un progrès de l'indéfini au défini. De même que le reste de l'organisme, le cerveau n'arrive à la perfection de sa structure que

dans la maturité; et moins sa structure est parfaite, moins ses fonctions ont de précision. De là vient que les premières perceptions et les premières idées sont vagues, comme les premiers essais de langage, comme les premiers mouvements. De même que d'un œil rudimentaire, distinguant seulement la lumière des ténèbres, le progrès est à un œil qui distingue les nuances et les détails de forme avec une grande exactitude ; de même l'intelligence, considérée dans son ensemble ou dans chacune de ses facultés, commence par les distinctions les plus grossières entre les objets et les actions, pour finir par des distinctions d'une finesse et d'une netteté croissantes. Nos cours d'études et nos méthodes d'éducation doivent se conformer à cette loi générale. Il n'est pas possible, et il n'est pas désirable, fût-ce possible, de faire entrer des idées précises dans un esprit non développé. Nous pouvons, à la vérité, transmettre de bonne heure à l'enfant les formes verbales dans lesquelles ces idées sont enveloppées; et, quand les maîtres l'ont fait, ils se persuadent ordinairement qu'ils lui ont transmis les idées; mais le moindre contre-examen de l'élève prouve le contraire. On découvre, ou que les mots ont été logés dans sa mémoire sans la moindre compréhension de leur sens, ou que la perception de leur sens est chez lui tout à fait obscure. Ce n'est que lorsque la multiplicité des expériences est venue lui fournir des matériaux pour des conceptions définies; ce n'est que lorsque l'observation lui a dévoilé, année par année, les attributs des choses et leur marche dans ce qu'ils ont de moins visible et ce qu'il avait d'abord confondu; ce n'est que lorsque l'idée de classe et l'idée de série lui ont été rendues familières par la répétition des cas qui se rangent dans leurs catégories; ce n'est que lorsque les différentes classes de rapports se sont nettement accusées dans son esprit par leur limitation mutuelle : ce n'est qu'alors que les définitions d'une science avancée peuvent devenir véritablement intelligibles pour lui. Ainsi nous devons nous contenter, dans l'éducation, de commencer par des notions grossières, puis tendre à les éclaircir graduellement en facilitant à l'enfant l'acquisition d'une expérience qui corrigera d'abord les plus grosses erreurs, et ensuite, successivement, les erreurs moindres. La formule scientifique ne doit être donnée que lorsque les conceptions sont arrivées à leur perfection.

3. Dire que les leçons doivent partir du concret pour aller à l'abstrait, c'est, en apparence, répéter en partie le premier principe que nous avons posé. Cependant c'est une maxime qu'il faut énoncer, ne fût-ce que pour montrer ce que sont réellement, en certains cas, le simple et le composé ; car, malheureusement, il y a eu beaucoup de malentendus sur ce point. Les hommes croient que, parce que les formules générales qu'ils ont trouvées pour exprimer des groupes de cas particuliers ont simplifié leurs conceptions en réunissant plusieurs faits en un seul, ces mêmes formules simplifieront de même les conceptions d'un enfant. Ils oublient qu'une généralisation n'est simple qu'en comparaison de la masse entière de vérités particulières qu'elle comprend, mais qu'elle est plus complexe qu'aucune de ces vérités prise isolément ; que ce n'est qu'après qu'un certain nombre de ces vérités isolées ont été acquises que la généralisation soulage l'esprit et aide la raison, et que, pour un esprit qui ne possède point les vérités isolées, la généralisation reste nécessairement un mystère. C'est ainsi que, confondant deux espèces de simplifications, les maîtres ont constamment erré en commençant par les « premiers principes » : manière de procéder essentlement contraire à la règle fondamentale, qui est de présenter à l'esprit les principes par l'intermédiaire

des exemples, de le conduire du particulier au général, du concret à l'abstrait.

4. L'éducation de l'enfant doit s'accorder, dans le
mode et dans l'ordre suivis, avec l'éducation de
l'humanité, considérée historiquement. En d'autres
termes, la genèse de la science chez l'individu doit
suivre la même marche que la genèse de la science
dans la race. A la rigueur, on peut regarder ce
principe comme déjà énoncé par implication ; puisque ces deux développements de la connaissance
sont deux évolutions, ils doivent se conformer aux
lois générales de l'évolution, sur lesquelles nous
avons insisté plus haut, et, par conséquent, s'accorder entre eux. Cependant ce parallélisme particulier a sa valeur, à cause de la direction qu'il
fournit dans l'espèce. Nous croyons que c'est à
M. Comte (1) que la société en doit l'énonciation ; et
nous pouvons accepter cet article de sa philosophie,
sans d'ailleurs nous engager pour le reste. Cette
doctrine peut être soutenue par deux raisons tout
à fait indépendantes de toute théorie abstraite, et
chacune des deux est suffisante pour l'établir. La
première se déduit de la loi de transmission héréditaire, envisagée dans ses conséquences les plus
étendues. Car, s'il est vrai que les hommes ressemblent à leurs ancêtres, sous le double rapport du
physique et du caractère ; s'il est vrai que certains
phénomènes mentaux, comme la folie, se produisent chez les membres successifs de la même famille, à un âge déterminé ; si, passant des individus
(chez qui les traits des ancêtres éloignés se mêlent
à ceux des ancêtres immédiats, en sorte que la loi
se trouve obscurcie) aux types nationaux, nous remarquons à quel point ceux-ci sont persistants de
siècle en siècle ; si nous nous souvenons que ces

(1) Auguste Comte, le fondateur de la *philosophie positive*, né en 1798, mort à Paris en 1857.

types respectifs dérivent d'une souche commune, et que, par conséquent, les différences actuelles proviennent de l'action des circonstances modificatrices sur les générations successives, qui chacune en ont transmis les effets accumulés à leurs descendants; si les différences sont devenues organiques, de telle sorte qu'un enfant français deviendra un Français, quoiqu'il soit élevé au milieu d'étrangers; et si le fait général dont ceci est un exemple s'étend à la nature humaine tout entière, y compris l'intelligence, il s'ensuit que, du moment où il a existé un ordre dans lequel l'humanité a acquis les différentes sortes de connaissances qu'elle possède, il existe chez l'enfant une prédisposition à acquérir ces connaissances dans le même ordre. De façon que, lors même que cet ordre serait en lui-même indifférent, ce serait rendre l'éducation plus facile que de conduire l'esprit de l'individu par les chemins qu'a suivis l'esprit de la race. Mais cet ordre n'est pas indifférent en lui-même. Et voilà la raison fondamentale pour laquelle l'éducation doit reproduire, en petit, l'histoire de la civilisation. On peut prouver, à la fois, que l'ordre de succession historique, dans ses grandes lignes, était nécessaire, et que les causes qui l'ont déterminé s'appliquent à l'enfant comme à l'espèce. Pour ne pas entrer dans l'exposé détaillé de ces causes, il suffit de dire ici que, puisque l'intelligence humaine, placée au milieu des phénomènes et s'efforçant de les comprendre, est, après une suite infinie de comparaisons, de spéculations, d'expériences, de théories, arrivée à la connaissance de chaque sujet par une route particulière, on peut inférer raisonnablement de là que le rapport de l'esprit aux phénomènes est tel que celui-ci ne peut acquérir cette science par aucune autre route; et que, l'esprit de l'enfant étant dans le même rapport avec les phénomènes, ces derniers ne peuvent être mis à sa portée que par la même route. De là vient que, pour trouver la bonne méthode d'éducation, il faut consulter la marche qu'a suivie la civilisation.

5. Une des conclusions auxquelles on est conduit par là, c'est que, dans chaque branche de connaissances, il faut procéder de l'empirique au rationnel. Dans la marche du progrès humain, chaque science sort de l'art qui lui correspond. Il résulte de la nécessité où nous sommes, comme individus et comme race, d'arriver à l'abstrait par la voie du concret, qu'une expérience répétée et des généralisations empiriques doivent exister avant que la science puisse être. La science est la connaissance organisée; et, pour que la connaissance puisse être organisée, il faut d'abord qu'elle existe. Par conséquent, toute étude doit avoir des commencements purement expérimentaux; et le raisonnement ne doit arriver que lorsqu'on possède déjà un ample fonds d'observations accumulées. Comme exemple de cette règle, nous pouvons citer l'habitude qu'on commence à prendre d'enseigner la grammaire après la langue, ou la coutume qu'on a ordinairement de faire dessiner les élèves longtemps avant de leur expliquer les lois de la perspective. Nous en indiquerons encore d'autres applications tout à l'heure.

6. Un second corollaire du principe général que nous venons d'énoncer, corollaire sur lequel on ne saurait trop insister, c'est qu'en matière d'éducation il faut encourager de toutes ses forces le développement spontané. Il faudrait que l'enfant fût conduit à faire lui-même les recherches, à tirer lui-même les conséquences de ses découvertes. Il faudrait lui *enseigner* le moins possible et lui faire *trouver* le plus possible. L'humanité n'a progressé qu'en faisant son éducation elle-même; et les succès des hommes qui se sont formés eux-mêmes prouvent continuellement que, pour obtenir les

meilleurs résultats , chaque esprit doit procéder jusqu'à un certain point de la même façon. Les personnes qui ont été élevées sous la discipline ordinaire des écoles, et qui en ont emporté l'idée que l'éducation ne peut se faire autrement, regarderont comme impossible de faire d'un enfant son propre instituteur. Si elles veulent cependant réfléchir que la première de toutes les connaissances, celle des objets qui l'entourent, est acquise par le petit enfant sans le secours de personne ; si elles se souviennent qu'il apprend seul sa langue maternelle ; si elles se rendent bien compte de la somme d'observations, d'expériences, de connaissances extrascolaires que chaque enfant acquiert par lui-même ; si elles remarquent l'intelligence extraordinaire qui se développe chez le gamin abandonné dans les rues de Londres, et cela dans toutes les directions où les circonstances au milieu desquelles il vit sollicitent ses facultés ; si enfin elles veulent réfléchir au nombre d'esprits qui se sont frayé la voie par leurs seules forces au milieu des obscurités de notre cours d'études, si irrationnel, et d'une multitude d'autres obstacles, elles trouveront peut-être qu'il n'est pas déraisonnable de conclure que, si les objets lui étaient seulement présentés dans le bon ordre et de la bonne manière, tout élève doué d'une capacité ordinaire pourrait surmonter presque sans assistance les difficultés successives qu'il rencontrerait. Qui pourrait être témoin de l'activité incessante avec laquelle un enfant observe, interroge, conclut ; qui pourrait constater la perspicacité de ses remarques sur les choses qui sont à la portée de ses facultés présentes, sans conclure que, si l'on appliquait d'une façon systématique cette activité aux études qui sont réellement à sa portée, il en viendrait à bout sans aucun secours ? La nécessité d'*endoctriner* l'enfant vient de notre stupidité, non de la sienne. Nous l'arrachons aux faits qui l'intéres-

sent et qu'il est en train de s'assimiler activement.
Nous mettons devant ses yeux des faits beaucoup
trop complexes pour lui et qui, par conséquent,
l'ennuient. Quand nous voyons qu'il n'appréhendera
pas ces faits volontairement, nous les introduisons
dans son esprit à force de menaces et de châtiments. En le privant des connaissances auxquelles
il aspire et en le bourrant de connaissances qu'il
ne peut pas digérer, nous produisons un état morbide des facultés, et, par suite, le dégoût de toute
étude. Et quand l'indolence stupide de l'esprit qu'on
produit ainsi, jointe à la continuation du régime
qu'on lui impose, a amené l'enfant à ne plus rien
comprendre sans explications, et à n'être plus qu'un
récipient passif de nos propres idées, nous en concluons que l'éducation ne peut être faite que par
cette dernière voie. Ayant produit, par notre méthode, la passivité chez l'enfant, nous faisons de sa
passivité un motif de continuer l'application de notre
méthode. Il est donc clair que l'expérience des pé-
dagogues ne peut être invoquée contre notre
système. Et quiconque reconnaîtra cela verra que
nous pouvons suivre jusqu'au bout avec confiance
la discipline de la nature ; que nous pouvons, en
exerçant habilement notre ministère, faire en sorte
que l'esprit se développe aussi spontanément dans
ses phases ultérieures que dans les premières, et
qu'à cette condition seulement nous lui ferons porter tous ses fruits, nous le ferons parvenir au plus
haut degré de force et d'activité.

7. Comme une dernière pierre de touche qui
peut nous faire juger de l'excellence d'un plan
d'éducation vient cette question : Y a-t-il chez l'enfant excitation agréable? Toutes les fois qu'il y a du
doute sur la question de savoir lequel de deux modes ou de deux ordres d'études est le plus en harmonie avec les principes précédemment posés, nous
pouvons avec sûreté nous servir de ce critérium.

Même lorsque l'un des deux paraît meilleur en théorie, du moment où il n'excite point l'intérêt ou bien l'excite à un moindre degré que l'autre, il faut y renoncer; car les instincts intellectuels d'un enfant sont plus sûrs que nos raisonnements. A l'égard des facultés de compréhension, nous pouvons être certains que, dans des conditions normales, la saine activité est agréable, et que l'activité pénible n'est pas saine. Quoique jusqu'ici la nature émotionnelle ne se conforme que très imparfaitement à cette loi, la nature intellectuelle s'y conforme à peu près parfaitement, au moins dans ce que l'enfant en manifeste. Les répugnances qu'il témoigne pour telle ou telle étude, au grand déplaisir du maître, ne sont pas des répugnances innées, mais des répugnances produites par le système peu judicieux suivi par celui-ci. Fellenberg (1) a dit : « L'expérience m'a appris que l'indolence, chez les jeunes gens, est chose si contraire à leur besoin naturel d'activité, qu'à moins que d'être l'effet d'une mauvaise éducation, c'est presque toujours la marque de quelque défaut constitutionnel. » Et cette activité spontanée à laquelle les enfants sont enclins a pour mobile la recherche du plaisir que cause l'exercice salutaire des facultés. Il est vrai que quelques-unes de nos facultés supérieures, encore peu développées chez la race, et que ne possèdent à un certain degré que les meilleures organisations, ne se portent pas toujours d'elles-mêmes à une activité suffisante pour leur objet. Mais, en vertu même de leur complexité, ces facultés-là n'auront besoin de s'exercer que tard ; et l'élève, quand il aura lieu de s'en servir, sera parvenu à un âge où des mobiles extérieurs entrent en jeu et où le plaisir indirect vient contre-balancer le

(1) Emmanuel de Fellenberg, célèbre pédagogue suisse, contemporain et ami de Pestalozzi, fonda en 1799 l'Institut agricole de Hofwyl. Il est mort en 1844.

déplaisir direct. Mais, à l'égard de toutes les autres facultés, le plaisir immédiat que cause l'activité est le stimulant ordinaire et, si l'on s'y prend bien, le seul stimulant nécessaire. Quand nous sommes obligés d'en employer un autre, nous devons y voir la preuve que nous sommes dans une fausse voie. L'expérience montre tous les jours plus clairement qu'il existe toujours une méthode qui produira chez les enfants l'intérêt, et même un vif plaisir ; et toutes les autres pierres de touche, si on les consulte, nous prouvent que cette méthode est justement la bonne à tous les autres égards.

Ces principes dirigeants n'auront pas un grand poids pour certaines personnes, si l'on se borne à les exposer sous cette forme abstraite. Aussi, tant pour fournir des exemples de leur application que pour présenter un certain nombre d'observations particulières, nous nous proposons de passer maintenant de la théorie à la pratique de l'éducation.

C'était l'opinion de Pestalozzi, et cette opinion gagne tous les jours du terrain, qu'il y a une sorte d'éducation qui doit commencer au berceau. Quiconque a vu les yeux grands ouverts d'un petit enfant se fixer sur tout ce qui l'entoure, sait bien que son éducation commence, en fait, de bonne heure, que nous le voulions ou non ; il prête l'oreille à tous les bruits, ses petits doigts touchent à tout, portent à la bouche tous les objets qu'ils peuvent saisir : et ce sont là les premiers pas dans la voie qui mène à la découverte des planètes invisibles, à l'invention des machines à calculer, à la production des grandes œuvres de peinture, à la composition des symphonies et des opéras. Cette activité des facultés étant, dès le début, spontanée et inévitable, la question est de savoir si nous devons lui fournir une variété de matériaux sur lesquels elle puisse s'exercer ; et, à cette question, on ne peut faire qu'une réponse affirmative. Toutefois, comme nous l'avons dit plus haut, on peut être d'accord avec la théorie de Pestalozzi, sans être d'accord avec sa pratique ; et ici se présente précisément un cas de divergence d'opinion avec lui. Parlant de la manière d'apprendre à lire, il dit :

« Le livre à épeler doit donc renfermer tous les sons employés dans le langage, et l'on doit les enseigner dans les familles depuis la plus tendre enfance. L'enfant qui apprend à épeler dans son livre doit répéter ces sons à l'enfant au berceau, avant que celui-ci puisse en former un seul, de façon qu'ils soient profondément imprimés dans son esprit par la répétition fréquente. »

Si l'on ajoute à cela les conseils contenus dans le *Manuel des mères*, où l'auteur fait du nom, de la position, des rapports, du nombre, des propriétés des diverses parties du corps humain, le sujet des premières leçons données par la mère au nourrisson, il devient manifeste que les idées de Pestalozzi sur la première phase du développement de l'intelligence étaient trop confuses et trop peu exactes pour qu'il pût trouver un plan judicieux. Voyons la marche qu'indique la psychologie.

Les premières impressions que l'esprit puisse s'assimiler sont les sensations indécomposables produites par la résistance, la lumière, le son, etc. Il est évident que des états de conscience décomposables ne peuvent pas existe antérieurement aux états de conscience dont ils sont les composés. On ne peut avoir aucune idée de forme avant d'avoir appris à connaître la lumière dans ses gradations et ses qualités, ou la résistance dans ses différents degrés d'intensité ; car, on le sait depuis longtemps, nous reconnaissons la forme visible par les variations de la lumière, et la forme tangible par les variations de la résistance. De même, on ne peut connaître aucun son articulé avant d'avoir appris les sons inarticulés qui les composent. Il doit en être ainsi dans les cas analogues. Donc, pour suivre la loi de progression nécessaire du simple au composé, nous devrions procurer à l'enfant un nombre suffisant d'objets présentant différents degrés et différentes sortes de résistance, différents degrés et différentes qualités de lumière, et produire à ses oreilles un nombre suffisant de sons, différant en force, en tonalité et en timbre. Nous voyons combien cette conclusion *à priori* est justifiée par les instincts de l'enfance, quand nous observons le plaisir avec lequel le petit enfant mord ses jouets, palpe les boutons brillants de la jaquette de son frère et tire les favoris de son papa; quand nous remarquons combien il est absorbé par la vue d'un objet peint en couleurs voyantes, objet auquel il applique le mot de *joli* aussitôt qu'il peut le prononcer, uniquement à cause de l'éclat des couleurs; et comme sa figure s'épanouit dans un sourire, en entendant le babil de sa nourrice, le claquement de doigts d'un visiteur ou toute espèce de son nouveau pour lui. Heureusement, les pratiques habituelles de la *nursery* répondent assez bien à ces premiers besoins de l'éducation. Il reste cependant beaucoup à faire, et ces réformes sont plus importantes qu'on ne serait tenté d'abord de le croire. Chacune de nos facultés est plus apte à recevoir des impressions vives pendant l'activité spontanée qui accompagne son évolution que pendant toute autre période. De plus, comme ces premiers éléments doivent nécessairement être acquis, et comme leur acquisition prendra du temps, quelle que soit l'époque où elle se fera, c'est économiser ce temps que d'employer la première période de l'enfance, alors qu'aucun autre genre d'occupation intellectuelle n'est possible, à se familiariser complètement avec ces impressions, dans toutes leurs modifications. N'oublions pas que le caractère et la santé de l'enfant bénéficieront du plaisir continuel que lui apportera la multiplicité de ces impressions que tout enfant s'assimile avec tant d'ardeur. Si nous n'étions pas borné par les limites de ce livre, nous pourrions donner utilement ici quelques indications sur une méthode plus systématique que la manière ordinaire de fournir des matériaux aux perceptions simples de l'enfant. Mais il suffit de rappeler la loi générale d'évolution de l'indéfini au défini, pour faire comprendre que l'on doit se régler sur le corollaire de cette loi, qui est que, pendant le développement de chaque faculté, les impressions fortement contrastées sont les premières perçues; qu'ainsi, les sons qui diffèrent beaucoup en force et en tonalité, les couleurs très différentes entre elles, les substances qui ne se ressemblent ni en texture ni en dureté, doivent être les premiers sujets d'impression fournis, et que la progression doit être lente vers des impressions plus voisines les unes des autres.

Passant aux *leçons de choses*, qui forment évidemment une continuation naturelle de cette première culture des sens, nous ferons remarquer que le système communément suivi est complètement différent de celui de la nature, tel qu'il apparaît dans la première enfance, dans la vie adulte et dans l'histoire de la civilisation. « On devra, dit M. Marcel, *montrer* à l'enfant comment sont liées entre elles les différentes parties d'un objet, etc. ; » tout manuel de *leçons de choses* contient une liste de faits qui devront être *enseignés* à l'enfant au sujet de chaque objet mis devant lui. Or nous savons, par la plus légère observation de la vie journalière d'un enfant, que tout ce qu'il apprend avant de savoir parler, il l'apprend de lui-même ; que les propriétés de solidité et de pesanteur associées à certaines apparences, que les couleurs et les formes qui différencient les personnes, que la production de sons spéciaux par des animaux d'un certain aspect, sont des phénomènes qu'il observe tout seul. Dans l'âge adulte, quand on n'a plus de maîtres sous la main, on fait soi-même, heure par heure, ses observations ; l'on tire soi-même, jour par jour, les conclusions dont on a besoin pour se conduire ; et le succès dans la vie dépend de la façon plus ou moins complète dont on observe, de la manière plus ou moins exacte dont on conclut. Est-il donc probable que, lorsque nous voyons la marche suivie dans l'évolution de l'humanité tout entière se reproduire chez le petit enfant et chez l'homme, une marche opposée doive être suivie pendant la période qui s'étend de la première enfance à la maturité, et cela dans une chose aussi simple que d'apprendre à connaître les propriétés des objets ? N'est-il pas clair, au contraire, qu'il faut suivre en tout et toujours la même méthode ? Et la nature ne nous y conduit-elle pas continuellement, si nous avons seulement l'esprit de la voir et l'humilité de nous y soumettre ? Qu'y a-t-il de plus manifeste que le désir de sympathie intellectuelle qu'éprouvent les enfants ? Voyez le petit enfant assis sur vos genoux, comme il approche ses jouets de votre visage pour que vous puissiez les considérer ! Voyez comme il vous regarde quand, de son doigt mouillé, il a produit un craquement sur la table ! Comme il recommence et vous regarde encore, semblant vous dire : « Écoutez ce son nouveau ! » Entendez les aînés qui entrent dans la chambre en criant : « Maman, regardez ceci ! Maman, regardez cela ! » habitude qu'ils conserveraient longtemps, si la sotte maman ne leur défendait point de la tracasser. Remarquez comment, lorsqu'ils sont à la promenade, tous les petits courent vers leur bonne pour lui montrer la fleur qu'ils ont cueillie, lui faire voir comme elle est jolie, et lui faire dire qu'elle la trouve jolie aussi ! Écoutez l'ardente volubilité avec laquelle tout marmot raconte les choses nouvelles qu'il a vues, si seulement il peut trouver quelqu'un pour lui prêter l'oreille ! Devant de pareils faits, l'induction est toute tirée. N'est-il pas clair que nous devons conformer notre marche à ces instincts intellectuels; que nous devons systématiser le procédé de la nature; écouter tout ce que l'enfant a à nous dire sur chaque objet, l'encourager à dire le plus qu'il peut; attirer quelquefois son attention sur des faits qui lui ont échappé, en vue de le mettre sur la voie de les observer de lui-même quand ils se représenteront; et bientôt lui fournir ou lui indiquer de nouvelles séries d'objets sur lesquels il puisse de même s'exercer par un examen complet? Voyez de quelle manière une mère intelligente dirige ses leçons en suivant cette méthode! Pas à pas, elle familiarise son enfant avec les noms des attributs les plus simples : dureté, mollesse, couleur, goût, dimension; elle est en cela aidée par l'enfant lui-même, qui lui montre avec empressement que ceci est rouge, que cela est dur, aussitôt qu'elle lui a appris des mots pour exprimer ces propriétés. Au fur et à mesure qu'elle lui présente d'autres objets à voir et à toucher, elle attire son attention sur quelques-unes des propriétés additionnelles de ces objets, en ayant soin de les réunir dans une mention commune avec celles qu'il connaît déjà, de façon que, par la tendance naturelle à l'imitation, il prenne l'habitude de les répéter l'une après l'autre. Petit à petit, comme il se présente des cas dans lesquels il omet de mentionner une ou plusieurs des propriétés qu'il connaît, elle essaie de lui demander s'il n'a pas encore quelque chose à dire sur l'objet qu'il a devant lui. Il est probable qu'il ne saura rien dire. Alors, après l'avoir laissé dans l'embarras pendant un moment, elle vient à son aide en riant un peu de son insuccès. Après quelques épreuves de ce genre, l'enfant finit par savoir ce qu'il a à faire. La prochaine fois que sa mère lui dit qu'elle sait sur l'objet en question quelque chose de plus que lui, son orgueil est excité : il regarde avec attention, il repasse tout ce qu'il a entendu, et, le problème étant facile, il le résout. Le voilà ravi de son succès, et elle partage sa joie. Comme tous les enfants, il est heureux de découvrir ce qu'il peut faire. Il désire de nouvelles victoires et cherche quelque chose encore à lui dire. A mesure que ses facultés se développent, elle ajoute de nouvelles propriétés à sa liste, progressant de la qualité de dur à celle de doux, de celle de rugueux à celle d'uni, de la couleur au poli, des corps simples aux corps composés, compliquant toujours le problème en proportion des forces de l'enfant, demandant toujours davantage à son attention et à sa mémoire, soutenant toujours l'intérêt chez lui, en lui fournissant la matière de nouvelles impressions qu'il puisse s'assimiler, et lui donnant sans cesse la joie d'avoir vaincu les difficultés qu'il peut vaincre. En agissant ainsi, elle ne fait évidemment que suivre la marche spontanée suivie par l'enfant lui-même pendant la première période de sa vie; elle aide seulement à son évolution naturelle, et elle y aide de la façon qui lui est suggérée par la manière d'être instinctive de l'enfant. Il est évident que cette manière est la plus propre à donner à celui-ci l'habitude d'observer à fond, ce qui est l'objet que se proposent les *leçons de choses*. *Dire* les choses à un enfant ou les lui *montrer*, ce n'est pas lui apprendre à observer, c'est faire de lui un simple récipient des observations des autres ; c'est affaiblir, plutôt que fortifier, sa disposition naturelle à s'instruire spontanément ; c'est le priver du plaisir que procure l'activité couronnée de succès; c'est lui présenter l'attrayante acquisition des connaissances sous l'aspect d'un enseignement formel, et produire par là l'indifférence, le dégoût, que montrent souvent les enfants pour ces sortes de leçons. Au contraire, procéder de la manière que nous avons indiquée, c'est guider l'esprit vers l'aliment qu'il désire, c'est ajouter aux appétits intellectuels les sentiments qui leur sont na-

turellement associés : l'amour-propre et le besoin
de sympathie; c'est amener par la réunion de tous
ces motifs une intensité d'attention qui procure des
perceptions fortes et complètes; c'est enfin habituer
l'esprit dès le commencement à s'aider lui-même,
habitude qu'il conservera toute la vie.

Les *leçons de choses* devraient non seulement être
données autrement qu'elles ne le sont, mais embrasser
beaucoup plus d'objets qu'elles n'en embrassent, être
continuées beaucoup plus tard qu'on ne les continue.
Elles ne devraient pas être bornées aux objets renfermés dans la maison, mais comprendre ceux qui
se trouvent dans les champs et dans les haies, dans
les carrières et sur la plage. Elles ne devraient pas
finir avec la première période de l'enfance, mais être
continuées dans la jeunesse, de telle sorte qu'elles
en vinssent insensiblement à se fondre avec les in-
vestigations du naturaliste et du savant. Ici encore,
nous n'avons qu'à suivre les indications de la nature.
Y a-t-il un plaisir plus vif que celui de l'enfant qui
cueille une fleur nouvelle, qui ramasse un insecte
inconnu, ou qui rassemble des cailloux et des co-
quillages? Et qui ne voit qu'en s'associant à son
plaisir, on peut amener l'enfant à l'examen complet des qualités et de la structure de l'objet qui a
frappé son attention? Tout botaniste qui a conduit des enfants dans les bois et dans les prés a pu
remarquer l'empressement avec lequel ils s'asso-
cient à ses travaux, l'ardeur qu'ils mettent à lui
trouver des plantes, l'attention avec laquelle ils le
suivent dans l'examen qu'il en fait, et la multitude de questions dont ils l'accablent. Un disciple
de Bacon, conséquent avec lui-même, — « serviteur
et interprète de la nature, » — comprendra qu'il doit
modestement suivre les indications qui lui sont ainsi
données. L'enfant qui a été familiarisé avec les propriétés simples des corps inorganiques devra être
conduit, par le procédé déjà suivi, à l'examen com-

plet des objets qu'il rencontre dans ses promenades
journalières. On commencera par les faits les moins
complexes : dans les plantes, on remarquera la couleur, le nombre, la forme des pétales, celle des
tiges et des feuilles; dans les insectes, le nombre
des ailes, des pattes, des antennes et la couleur.
Quand ces faits auront été constamment et complètement observés, on passera à d'autres : dans les
fleurs, ce sera le nombre des étamines et des pistils,
la forme de la corolle : est-elle rayonnée, bilatérale?
l'arrangement et la physionomie des feuilles : sont-
elles opposées ou alternes, pédonculées ou sessiles,
glabres ou poilues, dentelées ou unies? Dans les insectes, ce seront les divisions du corps, les segments
de l'abdomen, les marques des ailes, le nombre
d'articulations des pattes, la disposition des autres
organes; et toujours le système à suivre devra être
d'inspirer à l'enfant l'ambition de tout voir et de
tout dire lui-même. Plus tard, quand l'âge convenable pour cette étude sera venu, on pourra, comme
par faveur, indiquer à l'enfant les moyens de conserver ces plantes, auxquelles les connaissances acquises sont venues donner tant de prix, et peut-être,
comme une faveur plus grande encore, lui permettre
d'élever les chenilles de nos papillons communs :
amusement qui — nous en avons fait personnellement l'expérience — est des plus vifs, dure pendant
des années, et qui, lorsqu'il devient le point de départ
d'une collection entomologique, ajoute un immense
intérêt aux promenades du dimanche et forme une
excellente introduction à l'étude de la physiologie.
Nous nous attendons à ce qu'on nous réponde
que c'est là perdre du temps et des forces, et que
l'enfant ferait mieux d'écrire ses devoirs et d'apprendre à calculer, pour se préparer aux travaux
et aux affaires qui l'attendent dans la vie. Nous re-
gretterions qu'on eût une idée si grossière de ce
qui constitue l'éducation, et une conception si étroite

de l'utilité. Sans parler de la nécessité qu'il y a de développer systématiquement les perceptions, et de la valeur de la méthode indiquée pour arriver à ce résultat, nous prétendons que les connaissances ainsi acquises ont de l'importance par elles-mêmes. Si les hommes ne doivent être que marchands, que teneurs de livres; s'ils ne doivent avoir d'autres idées que celles qui touchent à leur profession; s'il faut qu'ils ressemblent tous au badaud, qui ne conçoit pas d'autre plaisir champêtre que celui d'être assis sur une terrasse à fumer sa pipe et boire son porter, ou au squire, pour qui les bois ne sont autre chose que des endroits où l'on chasse, qui ne voit dans les plantes sauvages que des mauvaises herbes, et qui classe les animaux en gibier, vermine et bétail : alors, en effet, il est inutile d'apprendre autre chose que ce qui peut conduire à remplir la bourse et le grenier. Mais s'il existe des objets plus dignes de notre ambition; si les choses qui nous entourent peuvent servir à d'autres usages qu'à battre monnaie; s'il y a en nous d'autres facultés à exercer que nos appétits sensuels; si les jouissances que procurent les arts, la poésie, la science et la philosophie sont de quelque importance pour notre bonheur : alors, il est désirable que l'inclination instinctive que montre tout enfant à observer les beautés de la nature, à étudier ses phénomènes, soit encouragée. Toutefois, cet utilitarisme grossier, qui conduit les hommes à penser qu'il suffit de venir dans ce monde et de le quitter, sans s'informer de ce qu'il renferme, peut lui-même y trouver aussi son compte. On verra, pour peu qu'on y réfléchisse, que la science des lois de la vie est la plus importante de toutes, et à tous égards; que ces lois non seulement président à toutes nos pensées; mais, par implication, dominent aussi toutes les transactions publiques et privées, tout commerce, toute politique, toute morale, et que, par conséquent, sans l'intelligence de ces lois, on ne saurait se bien conduire, ni comme homme, ni comme citoyen. On verra aussi que les lois de la vie sont essentiellement les mêmes dans tout le règne organique et, de plus, qu'elles ne peuvent être comprises dans leurs manifestations complexes que lorsqu'elles l'ont été dans leurs manifestations simples. Et quand on aura vu cela, on sentira aussi qu'en aidant l'enfant à acquérir ces connaissances dont il est si avide, en l'encourageant dans cette voie pendant toute sa jeunesse, on ne fait que le porter à rassembler les matériaux bruts d'une organisation future du savoir, matériaux qui fourniront un jour à son esprit les éléments de ces généralisations puissantes de la science dont nous avons besoin pour diriger sagement nos actions.

L'opinion qui se répand que le dessin doit être considéré comme un des éléments de l'éducation est encore un indice des idées plus justes sur la culture de l'esprit qui commencent à prévaloir. Ici aussi, les maîtres finissent par adopter la marche que la nature leur a constamment indiquée. Les efforts spontanément faits par les enfants pour représenter les personnes, les maisons, les arbres, les animaux qui les entourent, — sur une ardoise, s'ils ne peuvent mieux faire, ou à la mine de plomb sur du papier, si on leur en donne, — sont un fait connu de tout le monde. Voir des images est un de leurs grands plaisirs; et, comme toujours, leur tendance marquée à l'imitation leur inspire le désir de faire des images aussi. Ces efforts pour rendre les objets qui frappent leur vue sont aussi un exercice instinctif des perceptions, un moyen de rendre l'observation plus exacte et plus complète. Et en cherchant à nous intéresser à leurs découvertes sur les propriétés visibles des objets, en s'efforçant d'attirer notre attention sur leurs dessins, ils sollicitent précisément, de notre part, le genre de culture dont ils ont le plus besoin.

En donnant au dessin une place dans l'éducation, les maîtres se sont conformés aux indications de la nature; s'ils avaient obéi à celle-ci dans le choix de leur méthode d'enseignement, ils auraient mieux fait encore. Quels sont les objets que l'enfant essaie de représenter avant tous les autres? Ce sont les objets volumineux; ceux qui sont de couleur agréable; ceux auxquels sont associés ses plaisirs; les personnes qu'il aime; les vaches, les chiens, qui l'intéressent par les nombreux phénomènes qu'ils présentent; les maisons qu'il voit tous les jours et qui le frappent par leurs dimensions, par les contrastes entre leurs parties. Et quel est le procédé de représentation qui lui donne le plus de jouissance? Le coloriage. Il se contentera d'un crayon à défaut de mieux; mais une boîte de couleurs et un pinceau, voilà pour lui le vrai trésor. Le dessin ne passe qu'après le coloris. L'enfant ne fait le dessin d'un objet que pour le colorier, et si on lui donne un livre d'images avec la permission d'y ajouter la couleur, quel bonheur! Or, si ridicule que cela puisse sembler aux maîtres de dessin, qui ajournent l'étude de la peinture et qui enseignent la forme par d'ennuyeux exercices de dessin linéaire, nous sommes convaincu que la marche indiquée par la nature est la bonne. La priorité de la couleur sur le dessin, priorité qui est fondée sur la psychologie, doit être admise dès le début; et, dès le début aussi, les modèles doivent être des objets réels. Cette préférence pour la couleur qui non seulement se montre chez l'enfant, mais qui persiste chez beaucoup de personnes pendant la vie tout entière, doit être utilisée comme stimulant naturel à l'étude comparativement difficile et ingrate de la forme. La jouissance prochaine de peindre doit être la récompense du travail de l'esquisse. Les efforts de l'enfant pour reproduire les objets qui l'intéressent doivent être encouragés, avec la certitude qu'à mesure qu'il acquerra de l'expérience, des objets plus simples et d'une exécution plus à sa portée deviendront intéressants pour lui, et qu'il essaiera également de les reproduire, de façon que peu à peu ses imitations commenceront à ressembler à la réalité. Si ces premiers essais sont informes, comme le veut la loi de l'évolution, ce n'est pas là une raison pour ne point en tenir compte. Qu'importe que les formes soient grotesques? qu'importe que les couleurs soient un barbouillage? La question n'est pas de savoir si l'enfant fait de bons dessins, mais s'il développe ses facultés. Il faut d'abord qu'il devienne un peu maître des mouvements de sa main, qu'il acquière quelques notions grossières de ressemblance, et ce qu'il fait là est ce qui convient le mieux pour atteindre le but, puisqu'il le fait spontanément et avec plaisir. Dans la première enfance, on ne peut point donner des leçons sérieuses de dessin. Réprimerons-nous ces efforts de culture spontanée, ou bien les encouragerons-nous, les guiderons-nous, comme étant des exercices naturels de la puissance de perception et de manipulation? Si, en donnant aux enfants des gravures à bon marché pour qu'ils les colorient, et des cartes de géographie pour qu'ils en teintent les lignes frontières, nous ne stimulons pas seulement chez eux d'une façon agréable la faculté du coloris, mais que nous leur procurions accessoirement quelque connaissance des choses et des pays, quelque habileté à manier le pinceau d'une main ferme; et si, en leur fournissant des objets séduisants à imiter, nous entretenons chez eux l'habitude instinctive de faire des reproductions, si grossières qu'elles puissent être, il arrivera que, lorsque viendra le temps de leur donner des leçons de dessin, nous trouverons chez eux une facilité qu'ils n'eussent point eue sans cela. On aura gagné du temps et épargné de la peine à l'élève et au maître.

On peut inférer aisément de ce que nous venons de dire, que nous condamnons la pratique de faire dessiner les enfants d'après des dessins, et plus encore cette méthode de certains maîtres de les faire commencer par des lignes droites, des lignes courbes et des lignes composées. Nous regrettons que la Société des beaux-arts ait dernièrement, dans sa série de manuels d'*Instruction artistique élémentaire*, donné l'appui de son autorité à un ouvrage de dessin élémentaire qui est le plus mauvais que nous ayons vu. Nous voulons parler de l'*Esquisse d'après l'esquisse ou d'après la surface plane*, par le sculpteur John Bell (1). Ainsi qu'il l'explique dans la préface, l'auteur se propose de « fournir à l'élève un moyen simple et pourtant logique de s'instruire »; et, à cet effet, il commence par un certain nombre de définitions dans le genre de celles-ci :

« Une ligne simple, en dessin, est un trait léger qui va d'un point à un autre.

« Les lignes, en dessin, peuvent être divisées en deux classes :

« 1° La ligne droite, qui va d'un point à un autre par le chemin le plus court : exemple AB.

« 2° La ligne courbe, qui ne va pas d'un point à un autre par le chemin le plus court : exemple CD. »

Et, sur ce ton, le maître apprend à l'élève ce qu'est une ligne horizontale, perpendiculaire, oblique, quelles sont les diverses espèces d'angles et les différentes figures que forment les angles et les lignes. L'ouvrage est, en un mot, une grammaire de la forme avec exercices. De façon que le système qui consiste à placer une sèche analyse des éléments au commencement d'une étude, système banni de l'enseigne-

____

(1) Le titre anglais de l'ouvrage est : « *Outline from Outline, or from the Flat*, by John Bell, sculptor. »

ment des langues, reparaît dans l'enseignement du
dessin. Nous commençons par le défini au lieu de
commencer par l'indéfini ; l'abstrait précède encore
une fois le concret ; la conception scientifique, les
expériences empiriques. Nous n'avons pas besoin
de répéter que c'est là renverser l'ordre naturel. On
l'a fort bien dit : l'habitude de préluder à la pratique d'une langue par des définitions des parties du
discours et de leur emploi est à peu près aussi raisonnable que le serait celle de préluder à l'exercice
de la marche par un cours sur les os, les muscles
et les nerfs de la jambe ; on peut en dire autant de
cette idée de préluder à l'art de la représentation
des objets par une nomenclature et des définitions
des lignes, telles que nous les donne l'analyse. Ces
détails techniques sont à la fois ennuyeux et inutiles.
Ils dégoûtent de l'étude dès le début ; et tout cela
n'a pour but que d'enseigner ce que l'enfant est sûr
d'apprendre sans y songer, par l'usage. De même
qu'il apprend le sens des mots qu'on prononce devant lui sans le secours des dictionnaires, il apprendra
sans effort et même avec plaisir, par des remarques
sur les objets, sur les peintures et sur ses propres
dessins, les termes techniques, qui, si on veut les
lui faire connaître d'abord, sont pour lui d'ennuyeux
mystères.

Si l'on peut se fier aux principes généraux d'éducation que nous avons établis, les leçons du maître
devraient suivre le progrès de ces efforts du jeune
enfant, que nous avons représentés comme si dignes
d'encouragement. Quand les essais volontaires de
celui-ci lui auront donné quelque fermeté de main
et quelque idée de la proportion, il commencera à
concevoir vaguement les corps comme présentant
les trois dimensions dans la perspective. Et quand,
après beaucoup d'essais plus ou moins chinois pour
représenter sur le papier cette apparence, il se sera
formé dans son esprit une idée de ce qu'il faut faire

pour cela, et un désir de parvenir à le faire, on
pourra lui donner une première leçon de perspective empirique, au moyen de l'appareil qu'on emploie ordinairement pour expliquer scientifiquement
les lois de la perspective. Ceci effraiera peut-être;
mais l'expérience à faire est à la fois claire et intéressante pour tout enfant d'une intelligence ordinaire. Une plaque de verre, montée de façon à se
tenir verticalement sur la table, est interposée entre
l'œil de l'enfant et un objet quelconque, un livre
par exemple. On l'avertit de ne pas changer de
point de vue, et on lui dit de marquer par des
points à l'encre, sur le verre, les angles de l'objet.
On lui dit ensuite de réunir ces points par des lignes; et, en le faisant, il s'aperçoit que ces lignes
suivent les contours de l'objet. Alors, appliquant
une feuille de papier derrière le verre, on lui fait
voir que les lignes qu'il a tracées représentent l'objet
tel qu'il l'a vu. Non seulement elles en reproduisent
l'apparence, mais il comprend qu'elles lui sont réellement semblables, puisqu'elles en ont suivi les contours; et il peut s'en convaincre en ôtant et remet-
tant le papier derrière le verre aussi souvent qu'il
veut. Le fait est à ses yeux nouveau et frappant. Il
contient la démonstration expérimentale que des
lignes de certaine longueur, placées dans certaines
directions sur une surface plane, peuvent représenter
des lignes d'une autre longueur et occupant d'autres
positions dans l'espace. En changeant la position de
l'objet placé derrière la plaque de verre, l'enfant peut
être amené à observer comment certaines lignes se
raccourcissent et disparaissent, comment d'autres lignes apparaissent et s'allongent. La convergence des
parallèles et tous les faits principaux de la perspective peuvent ainsi, au fur et à mesure, lui être dé-
montrés par le maître. Et, s'il a été accoutumé à
aller de l'avant sans aide, il prendra plaisir, si on
le lui conseille, à dessiner ces lignes sur le papier

avec le seul secours de l'œil; ce sera pour lui un
triomphe que de produire un dessin dont il consta-
tera ensuite l'exactitude en le comparant avec une
esquisse tracée sur le verre. C'est ainsi qu'il acquerra, petit à petit, par une méthode simple et
agréable, l'habitude d'observer les apparences li-
néaires des objets et la facilité de les reproduire,
sans passer par le procédé inintelligent et mécanique de copier les dessins des autres. Ajoutez à cet
avantage que l'élève apprend ainsi sans s'en douter
la théorie vraie de la peinture : à savoir, que c'est
une délinéation des objets tels qu'ils nous apparaissent quand ils sont projetés sur une surface plane,
interposée entre eux et notre œil, — et que, lorsqu'il
est arrivé à l'âge de commencer l'étude scientifique
de la perspective, il connaît déjà parfaitement les
faits qui en sont la base logique.

Comme exemple d'une manière rationnelle de faire
concevoir aux enfants les premières idées de géométrie, nous ne pouvons faire mieux que de citer
le passage suivant, tiré de M. Wyse :

« Un enfant a été accoutumé à se servir de cubes
pour apprendre l'arithmétique; qu'il s'en serve aussi
pour acquérir les éléments de la géométrie. Je vou-
drais commencer par les solides, ce qui est le contraire de ce qu'on fait ordinairement. Cela dispense
des définitions absurdes et des mauvaises explications sur le point, la ligne, la surface, qui ne sont
rien que des abstractions... Un cube présente plusieurs des éléments principaux de la géométrie :
points, lignes droites, lignes parallèles, angles, paral-
lélogrammes, etc., etc. Ce cube est divisible par
parties. L'élève a déjà été familiarisé avec ces divisions dans la numération, et, maintenant, il passe
à la comparaison de ces parties et de leurs relations
entre elles... Ensuite, il progresse du cube à la
sphère, de laquelle il tire des notions élémentaires

sur le cercle, sur les courbes en général, etc., etc.

« Quand il est suffisamment familiarisé avec les solides, on peut y substituer des surfaces planes. La transition peut être rendue très facile. Par exemple, que l'on coupe le cube en tranches minces, et qu'on étale ces tranches sur le papier; l'enfant verra autant de rectangles plans qu'il a fait de tranches. De même avec les autres solides. On traitera la sphère de la même manière; l'enfant apprendra de la sorte quelle est la génération réelle des surfaces, et pourra ensuite facilement les abstraire de tout solide.

« Quand il a acquis l'alphabet de la géométrie, et qu'il sait lire cette science, il commence à l'écrire.

« L'opération la plus simple, et conséquemment la première, c'est de placer ces plans sur une feuille de papier et de passer le crayon sur les contours. Quand il a fait cela souvent, on éloigne le plan, on engage l'enfant à le copier, et ainsi de suite. »

Quand l'enfant a acquis, par quelque méthode analogue à celle que propose ici M. Wyse, une certaine somme de connaissances géométriques, on peut faire un pas de plus, en introduisant chez lui l'habitude d'éprouver l'exactitude des figures faites à l'œil : excitant ainsi à la fois son désir de les faire exactes, et lui en montrant la difficulté. Il n'est pas douteux que la géométrie n'ait son origine (comme du reste le mot l'indique) dans les méthodes trouvées par les hommes du métier pour mesurer exactement les dimensions d'un bâtiment, la superficie d'un enclos, etc., et que l'on n'ait rassemblé d'abord les vérités géométriques en un corps qu'en vue de leur utilité immédiate. C'est de la même manière qu'il faut les présenter à l'élève. En lui faisant tailler des morceaux de carton pour édifier son château de cartes; dessiner des diagrammes ornementaux qu'il peindra; en l'occupant de diverses choses qu'un maître inventif saura trouver, on peut, pendant un

certain temps, le laisser faire ses tentatives lui-
même, comme les a faites le constructeur primitif.
Il apprendra ainsi par expérience quelle est la difficulté d'arriver au but par le seul secours des sens.
Lorsqu'après avoir, chemin faisant, développé sa
puissance de perception, il sera arrivé à l'âge de se
servir du compas, il en appréciera l'avantage, mais
continuera d'être gêné par l'imperfection de la
méthode approximative. On peut le laisser à ce
point de sa route pendant quelque temps. D'abord,
parce qu'il est trop jeune pour s'élever plus haut;
ensuite, parce qu'il est désirable qu'il éprouve davantage encore le besoin de procédés systémati-
ques. Si l'acquisition des connaissances doit être
rendue constamment intéressante pour lui; et si,
dans la première période de civilisation de l'individu, comme dans la première période de civilisation
de la race, la science n'est appréciée qu'à titre de
secours pour l'art, il est évident que la véritable
préparation à l'étude de la géométrie est un long
exercice dans ces arts de construction que la géométrie rendra plus faciles. Remarquez qu'ici encore
la nature nous montre le chemin. Les enfants montrent un goût marqué pour bâtir, pour découper
des objets en papier; goût qui, s'il est encouragé
et dirigé, ne préparera pas seulement la voie aux
conceptions scientifiques, mais développera cette
habileté de la main qui fait si souvent défaut.

Quand les facultés d'observation et d'invention
auront acquis chez lui la puissance nécessaire, on
pourra initier l'élève à la géométrie empirique,
c'est-à-dire à la géométrie qui donne des solutions
méthodiques, mais qui ne les démontre pas. Comme
toutes les autres transitions, en éducation, celle-ci
doit être faite fortuitement et non formellement; et
la relation de la géométrie avec l'art de bâtir doit
continuer à être utilisée. Faire faire à l'élève, avec
du carton, un tétraèdre, comme celui dont on lui

montre le modèle, c'est l'intéresser à résoudre un problème qui servira convenablement de point de départ. Il voit d'abord que, pour y parvenir, il doit tracer quatre triangles équilatéraux arrangés dans des positions particulières. Comme il ne peut le faire avec exactitude en l'absence d'une méthode exacte, il s'aperçoit, en posant les triangles dans leurs positions respectives, que leurs côtés ne s'ajustent pas et que leurs angles ne se rencontrent pas au sommet. On peut alors lui faire voir comment, en décrivant deux cercles, ces triangles peuvent être tracés d'une façon sûre et correcte; et, après son précédent échec, il sera aise de cette découverte. Après l'avoir ainsi aidé à la solution de son premier problème, à l'effet de lui montrer la nature des méthodes géométriques, il faut ensuite le laisser résoudre seul, du mieux qu'il pourra, les questions qui se présenteront. Partager une ligne en deux parties égales, élever une perpendiculaire, décrire un carré, diviser un angle, tirer deux lignes parallèles, construire un hexagone, sont des problèmes qu'il résoudra seul, avec un peu de patience. Et, de là, on pourra le conduire pas à pas à d'autres plus complexes, qu'il arrivera toujours à résoudre, si l'on s'y prend bien. Certainement, beaucoup de personnes, élevées sous l'ancienne discipline, douteront de la vérité de cette assertion. Cependant, nous parlons par expérience, et nombreux sont les faits que nous aurions à citer. Nous avons vu toute une classe de petits garçons s'intéresser tellement à la solution de tel ou tel problème, qu'ils attendaient leur leçon de géométrie comme le plus grand événement de la semaine. Dernièrement, nous avons entendu parler d'une école de filles dans laquelle plusieurs élèves s'occupent volontairement de questions géométriques, en dehors des heures de classe; et d'une autre école où non seulement elles font de même, mais où l'une des jeunes filles demande des

problèmes à résoudre chez elle pendant les vacances : nous rapportons ces faits sur l'autorité du
professeur. Quelle preuve de la possibilité et de la
valeur du développement spontané! Une branche
de la science qui, enseignée comme on le fait communément, est aride et ennuyeuse, se trouve ainsi,
quand on suit la méthode naturelle, rendue extrêmement intéressante et profondément utile! Nous
disons profondément utile, parce que ses effets ne
se bornent pas à l'acquisition des vérités géométriques, mais que souvent il s'ensuit une révolution
dans l'esprit. Combien de fois n'a-t-on pas vu des
enfants qui avaient été rendus stupides par les méthodes scolaires habituelles, — par leurs formules
abstraites, leurs devoirs ennuyeux, leur rabâchage,
— renaître tout à coup quand ils cessaient d'être
des récipients passifs et qu'ils devenaient inventeurs
à leur tour. Le découragement inspiré à ces enfants
par une mauvaise manière d'enseigner, ayant cédé
à un peu de sympathie, et la persévérance réveillée
ayant été couronnée par un premier succès, une
révolution a eu lieu dans leur intelligence entière.
Ils ne se défient plus d'eux-mêmes; ils sentent qu'eux
aussi sont capables de quelque chose. Peu à peu,
à mesure qu'un succès s'ajoute à un succès, le poids
du découragement cesse de peser sur eux, et ils
attaquent les difficultés, dans toutes les branches de
l'étude, avec une énergie qui donne d'avance la
certitude qu'elles seront vaincues.

Quelques semaines après que nous avions publié
ces remarques, le professeur Tyndall (1), dans une
conférence faite à l'Institut royal, sur l'*importance de
l'étude de la physique comme branche d'éducation*,

(1) M. John Tyndall, illustre savant anglais, né en
Irlande vers 1820, s'est fait connaître par de nombreuses
conférences et par divers ouvrages scientifiques d'une
lecture attrayante qui ont rapidement popularisé son
nom.

donnait un exemple concluant du même fait. Son témoignage, fondé sur ses observations personnelles, est de trop de poids pour que nous ne le citions pas ici :

« Un des devoirs que j'eus à remplir, dit-il, à l'époque dont j'ai parlé, fut de faire une classe de mathématiques; et j'ai habituellement constaté que la géométrie d'Euclide, quand on fait appel à l'intelligence, forme une étude très attrayante pour la jeunesse. Mais je soustrayais toujours les enfants à la routine du livre, et je mettais en jeu leur initiative sur des questions prises en dehors de cette routine. En se voyant mis hors de la voie battue, l'enfant, d'ordinaire, éprouvait d'abord un certain déplaisir, il se sentait comme dépaysé; mais je n'ai pas trouvé une seule fois que ce sentiment durât. Quand je voyais un élève tout à fait découragé, je le relevais en lui racontant l'anecdote de Newton, attribuant la différence entre lui et les autres hommes uniquement à sa plus grande patience; ou celle de Mirabeau, défendant à un domestique qui avait dit que telle chose était impossible, de jamais répéter ce mot stupide devant lui. Ainsi ranimé, il est toujours retourné en souriant à sa tâche, avec un air de doute peut-être, mais avec la résolution d'essayer encore. J'ai vu les yeux de l'enfant briller; puis enfin, plein d'une joie qui rappelait le délire d'Archimède, il s'écriait : « J'ai trouvé, monsieur! » Le sentiment de sa propre force éveillé en lui était d'une immense valeur; et, ainsi animée, ma classe faisait des progrès surprenants. Souvent, je donnais aux élèves le choix de prendre les propositions contenues dans le livre, ou d'essayer leurs forces en en cherchant d'autres. Jamais je ne les ai vus préférer le livre. J'étais toujours prêt à les aider, quand je croyais mon secours nécessaire, mais ordinairement ils le refusaient. Ces enfants avaient goûté aux douceurs des conquêtes intellectuelles, et ils cherchaient l'occasion de remporter des victoires par eux-mêmes. J'ai vu leurs diagrammes tracés sur les murs et sur les planchers dans la salle de récréation, et j'ai eu beaucoup d'autres preuves de l'intérêt vivant qu'ils prenaient à leur sujet. Pour ma part, en ce qui concerne l'expérience de l'enseignement, j'étais un novice, je ne connaissais point du tout les règles de ce que les Allemands appellent la pédagogie. Mais je m'en tenais à l'esprit de l'enseignement, tel qu'il est indiqué au commencement de ce discours, et je m'efforçais de faire de la géométrie, non une *branche*, mais un *moyen* d'éducation. L'expérience a réussi; et les meilleures heures de ma vie sont celles où j'ai vu la vigoureuse et joyeuse expansion des forces intellectuelles auxquelles j'avais ainsi fait appel. »

Cette géométrie empirique, qui présente une série sans fin de problèmes, doit être continuée pendant des années en même temps que d'autres études qui peuvent être, avec avantage, accompagnées jusqu'au bout des applications concrètes qui leur ont servi de préliminaires. Après que le cube, l'octaèdre, les diverses formes de la pyramide et du prisme, sont bien connus, on passe à des corps réguliers plus complexes : le dodécaèdre, l'icosaèdre, qu'il faut beaucoup d'intelligence pour arriver à construire avec des morceaux de carton. De là, une transition naturelle peut conduire à des formes modifiées de corps réguliers, telles qu'en présentent les cristaux : le cube tronqué, le cube à angles tronqués, et les modifications analogues de l'octaèdre et du prisme. Ce qui procurera l'occasion, pendant qu'on imitera les formes diverses affectées par les sels et par les minéraux, de faire connaître à l'élève quelques-uns des grands faits de la minéralogie (1).

(1) Ceux qui désirent un guide pour l'application du système d'enseignement exposé ci-dessus le trouveront dans un petit livre intitulé : *La géométrie d'invention*

Comme on peut le penser, la géométrie rationnelle né présentera plus d'obstacle à l'élève, après qu'il aura été longtemps accoutumé à des exercices de ce genre. Habitué à observer les relations de forme et de quantité, ayant quelquefois entrevu que certains résultats sont nécessaires étant donnés certains éléments, il ne voit plus dans les démonstrations d'Euclide que le supplément qui manquait à ses problèmes familiers. Ses facultés bien disciplinées s'emparent aisément des propositions successives du maître, et il en apprécie la valeur. Il a de plus le plaisir de voir que quelquefois il avait trouvé luimême la bonne méthode. C'est ainsi que cette étude, aride pour ceux qui n'y ont pas été préparés, est agréable pour lui. Il nous reste à ajouter que le moment approche où son esprit sera propre à cet exercice, le meilleur de tous pour le développement de nos facultés de réflexion : les démonstrations originales. Des théorèmes comme ceux qui font suite à la géométrie de MM. Chambers lui deviendront bientôt possibles; et, quand il les démontrera, ce ne seront plus seulement ses facultés intellectuelles qu'il développera spontanément par là, ce seront aussi ses facultés morales.

Pousser plus loin ces indications, ce serait écrire un traité détaillé de l'éducation, ce qui n'est pas notre dessein. L'esquisse que nous avons donnée d'un plan d'enseignement pour exercer les perceptions du petit enfant, pour diriger les *leçons de choses*, pour enseigner le dessin et la géométrie, ne doit être regardée que comme un exemple de la méthode fondée sur les principes généraux exposés par nous. Nous croyons qu'en l'examinant, cette esquisse sera trouvée conforme à la règle qui veut qu'on procède du simple au composé, de l'indéfini

(*Inventional Geometry*), publié par J. et C. Mozley, Paternoster Row, Londres. (*Note de M. Spencer.*)

au défini, du concret à l'abstrait, de l'empirique au rationnel, et nous pensons qu'elle répond aussi aux autres conditions voulues, qui sont : 1° que l'éducation soit une reproduction en petit de la civilisation ; 2° qu'elle soit autant que possible spontanée ; 3° qu'elle soit accompagnée de plaisir. La réunion de toutes ces conditions dans une seule et même méthode sert à la fois à montrer que ces conditions sont vraies et que la méthode est bonne. Remarquez aussi que cette méthode n'est que le produit logique de la tendance caractéristique de tous les progrès modernes en éducation, — c'est-à-dire qu'elle est l'adoption pleine et entière du système naturel dont ces progrès ne sont que l'adoption partielle, — et qu'elle est telle, d'abord parce qu'elle se conforme aux principes posés, ensuite parce qu'elle obéit aux suggestions de l'esprit de l'enfant. Il y a donc tout lieu de croire que le mode de procéder dont nous avons fourni des exemples approche du véritable.

Nous allons ajouter quelques mots pour insister encore sur les deux principes généraux, qui sont à la fois les plus importants et les plus négligés : d'abord que, durant toute la jeunesse, le procès de l'instruction doit être spontané (*self-instruction*), comme il l'est dans la première enfance et dans l'âge mûr, et en second lieu, que l'activité mentale produite doit toujours être attrayante par elle-même. Si la progression du simple au composé, de l'indéfini au défini, du concret à l'abstrait, est une vérité donnée par la psychologie, la spontanéité et le plaisir de l'étude deviennent des pierres de touche par lesquelles nous jugeons si la loi psychologique a été suivie. Si la loi psychologique contient les généralisations principales de la *science* de l'éducation, ces deux principes contiennent les règles essentielles de l'*art* de l'éducation. Car évidemment, si les degrés de notre cours d'études sont disposés de façon que l'élève puisse les gravir avec peu ou point de secours, c'est que leur disposition correspond aux différentes phases de son évolution intellectuelle; et, manifestement encore, si le passage d'un degré à un autre lui est agréable, c'est qu'il n'exige que l'exercice normal de ses facultés.

Mais faire de l'éducation un procès d'évolution spontanée a encore un autre et plus grand avantage que celui de disposer le cours d'études selon un plan rationnel. D'abord, on assure ainsi la force et la durée des impressions, chose que les méthodes ordinaires ne font jamais. Toute connaissance que l'élève a acquise par lui-même, tout problème qu'il a lui-même résolu, devient par droit de conquête sa chose, beaucoup plus qu'il ne pourrait l'être autrement. L'activité préalable d'esprit que le succès implique, la concentration de pensée qu'il rend nécessaire, l'excitation du triomphe, tout concourt à graver les faits dans la mémoire de l'enfant d'une façon plus profonde que ne pourraient le faire la lecture ou l'audition. Même s'il a échoué, la tension de ses facultés fixe ses souvenirs, quand une fois la solution lui a été donnée, mieux que ne pourraient le faire des explications plusieurs fois répétées. Puis, remarquez que cette manière de s'instruire rend nécessaire l'organisation continue des connaissances acquises. Il est de la nature des faits et des conclusions ainsi assimilés de devenir successivement les prémisses d'autres conclusions, le moyen de résoudre d'autres questions. La solution du problème d'hier aide l'élève à résoudre le problème d'aujourd'hui. De cette façon, la connaissance nouvelle devient faculté aussitôt qu'elle est acquise, et concourt désormais à la fonction générale de la pensée, au lieu d'être seulement écrite sur les pages d'une bibliothèque interne, comme il arrive quand on apprend par cœur. Remarquez encore de quel secours est cette spontanéité du travail pour notre développement moral. Le

courage dans l'attaque des difficultés, la concentration patiente de l'attention, la persévérance dans
l'insuccès, ce sont là les dispositions spéciales qu'il
faut apporter dans la vie ; et ce sont justement celles
que développe le système qui consiste à faire gagner
à l'esprit son pain intellectuel. Que cette manière
d'instruire la jeunesse soit parfaitement pratique,
voilà ce que nous pouvons attester sous notre ga-
rantie personnelle, car c'est ainsi qu'on nous a enseigné à nous-même dans notre jeunesse à résoudre
les problèmes relativement complexes de la perspective. Et que les grands maîtres aient tendu vers cette
direction, c'est ce dont rendent témoignage à la fois
Fellenberg, lorsqu'il dit que « l'activité libre et individuelle de l'élève est de bien plus grande importance
que l'empressement officieux de ceux qui se mêlent de
l'instruire » ; Horace Mann (1), quand il exprime l'opinion que « malheureusement l'éducation chez nous
consiste plutôt à *endoctriner* les enfants qu'à les *exercer* » ; et M. Marcel, quand il remarque que « ce que
l'élève découvre par le travail de sa pensée est beaucoup mieux su que ce qu'on lui a appris ».

Il en est de même en ce qui touche l'autre condition exigée : savoir, que la méthode d'éducation
choisie produise chez l'élève une agréable activité,
agréable non à cause des récompenses qu'elle doit rap-
porter, mais parce qu'elle est salutaire en elle-même.
Outre que l'obéissance à cette règle nous préserve
de l'inconvénient qu'il y a toujours à contrarier le
progrès normal de l'évolution naturelle, elle a encore d'autres avantages. A moins que nous n'ayons

(1) Horace Mann, le plus célèbre des éducateurs amé-
ricains, né en 1796, mort en 1859. On lui doit la réor-
ganisation de l'enseignement primaire dans l'État de
Massachusetts, où il occupa pendant douze ans (1838-
1850) les fonctions de secrétaire du Bureau d'éducation.
Ses œuvres complètes, en anglais, ont été publiées
en 1867, en deux volumes.

l'intention de revenir à la morale ascétique (ou plutôt à l'*immoralité* ascétique), nous devons considérer la conservation du bonheur de la jeunesse comme un objet digne par lui-même de nos préoccupations. Sans nous arrêter à cette considération, toutefois, nous remarquerons qu'un état d'esprit agréable est beaucoup plus favorable au travail qu'un état d'indifférence ou de dégoût. Tout le monde sait que les choses lues, entendues ou vues avec intérêt sont bien mieux retenues que les choses lues, entendues ou vues avec apathie. Dans le premier cas, les facultés ont été activement occupées de l'objet qu'on leur a présenté; dans le second cas, elles n'en ont été occupées que d'une façon peu active et l'attention a été constamment distraite par d'autres pensées plus agréables. De là vient que l'impression a été forte ou faible. De plus, à l'inattention que produit chez l'élève le manque d'intérêt, vient s'ajouter la crainte des conséquences de cette inattention, crainte qui le paralyse et augmente la difficulté qu'il éprouve à porter sa pensée sur des sujets qui l'ennuient. Il est donc clair que l'efficacité de l'enseignement, toutes choses égales d'ailleurs, sera proportionnée au plaisir avec lequel l'élève travaillera.

Il faut considérer aussi que de graves conséquences morales sont attachées au plaisir ou à la peine qui accompagne les leçons de tous les jours. Comparez la figure et la manière d'être de deux enfants, dont l'un est rendu heureux par l'étude de sujets qui l'intéressent, et l'autre malheureux par le dégoût du travail, la sévérité de ses maîtres, les menaces, les punitions, et vous verrez que les dispositions naturelles de l'un et de l'autre se ressentent en bien et en mal de cet état de choses. Quiconque a remarqué les effets du succès et de l'insuccès sur l'esprit, et l'influence de l'esprit sur le corps, sait que, chez le premier de ces enfants, le caractère et la santé sont favorablement affectés, tandis que, chez le second, on peut craindre que le caractère ne devienne morose, timide, et même que la constitution physique ne s'affaiblisse. Il reste encore à signaler un résultat indirect de la méthode employée, lequel n'est pas de peu d'importance. Les rapports entre les maîtres et les élèves sont, toutes autres choses égales, affectueux et efficaces, ou antipathiques et impuissants, selon que l'enseignement donné apporte du plaisir ou de la peine. L'homme est à la merci des associations d'idées. Celui qui chaque jour fait souffrir ne saurait être vu sans une secrète aversion ; et, s'il ne cause jamais d'autres émotions que des émotions pénibles, il sera inévitablement haï. Au contraire, le maître qui aide l'enfant à atteindre l'objet de ses désirs, qui lui procure journellement le plaisir de la victoire, qui l'encourage dans les difficultés, qui sympathise avec lui dans le succès, sera nécessairement vu avec plaisir ; et, si sa conduite est toujours en rapport avec ses principes, il sera aimé. Or, quand nous réfléchissons à l'efficacité bienfaisante de la tutelle d'un maître qui est considéré par l'enfant comme un ami, comparée à l'impuissante direction de celui que l'enfant regarde avec un sentiment d'aversion ou tout au moins d'indifférence, nous pouvons dire que les avantages indirects d'une éducation dans laquelle on tient compte du bonheur de la jeunesse ne sont guère inférieurs à ses avantages directs. A ceux qui mettraient en doute la possibilité d'appliquer le système que nous défendons ici, nous répondrons encore que non seulement il est indiqué en théorie, mais qu'il a aussi la recommandation de l'expérience. Aux jugements prononcés par tous les maîtres habiles, qui, depuis le temps de Pestalozzi, ont rendu témoignage sur ce point, ajoutons celui du professeur Pillans (1), lorsqu'il dit : « Quand

(1) M. Pillans, professeur de latin à l'Université d'Édimbourg.

on enseigne les enfants comme on doit le faire, ils ne sont pas moins heureux pendant les heures de classe que pendant les heures de jeu; rarement, l'exercice bien dirigé de l'activité intellectuelle est accompagné chez eux de moins de jouissance que l'exercice de leur activité physique, et quelquefois il en produit davantage. »

Pour donner une dernière raison en faveur de l'éducation spontanée et, par conséquent, agréable, nous rappellerons que plus on la rend telle, plus il est probable que l'élève ne cessera pas d'étudier en cessant d'aller à l'école. Tant qu'on rendra l'étude pénible, il y aura tendance chez lui à la discontinuer aussitôt que cessera la coercition des parents et des maîtres. Quand on la rendra agréable, il y aura tendance à continuer sans guide la culture spontanée commencée avec des guides. Ces résultats sont inévitables. Aussi longtemps que les lois de l'association des idées resteront vraies; aussi longtemps que l'homme aura du dégoût pour les choses et les lieux qui lui rappelleront des souvenirs pénibles, et du goût pour les choses et les lieux qui remettront devant son esprit les plaisirs passés, les leçons accompagnées de peine lui rendront répulsive l'acquisition des connaissances, les leçons agréables la lui rendront attrayante. Des hommes auxquels la science est venue dans leur jeunesse sous la forme de devoirs répugnants, escortée de menaces et de punitions; des hommes auxquels on n'a pas donné l'habitude de la libre recherche, n'aimeront probablement jamais l'étude; tandis que les hommes qui ont acquis la science dans des conditions naturelles, dans le temps voulu, et qui se souviennent des faits qu'elle leur a apportés, comme intéressants en eux-mêmes et comme l'occasion d'une longue suite de succès pleins de charmes, ces hommes-là continueront toute leur vie à s'instruire d'eux-mêmes, comme ils l'ont fait dans leur jeunesse. I

CHAPITRE III

DE L'ÉDUCATION MORALE

Sᴏᴍᴍᴀɪʀᴇ. — Il serait très nécessaire de préparer les
jeunes gens des deux sexes à leurs devoirs futurs
comme pères et mères de famille, en leur faisant
acquérir la connaissance des meilleures méthodes
d'éducation (p. 115). En l'absence de cette connaissance chez les parents, le gouvernement de la famille est livré à l'arbitraire et à l'ignorance (p. 117).
Citation de Jean-Paul Richter (p. 118). — Remarques préliminaires : l'éducation n'a pas le pouvoir
de rendre les enfants parfaits (p. 119); en outre, si
même il pouvait exister un système d'éducation capable de produire ce résultat, les parents sont trop
imparfaits eux-mêmes pour pouvoir l'appliquer d'une
manière complète (p. 121), et l'état actuel de la société opposerait des obstacles à sa réalisation (p. 123);
mais il n'en est pas moins utile de formuler un idéal,
les méthodes d'éducation devant se perfectionner à
mesure que le niveau moral des parents et de la
société s'élève (p. 125-126).
Exposé de la méthode naturelle d'éducation morale :
méthode qui laisse agir les réactions naturelles de
nos actes. Ces conséquences naturelles de nos actes
sont le critérium d'après lequel nous appelons communément un acte bon ou mauvais ; elles ont un
caractère de nécessité, de constance; elles sont proportionnées aux transgressions. Ce sont elles qui
apprennent au petit enfant à éviter les accidents
physiques, et à l'homme fait à se diriger dans la
vie; elles seront aussi le moyen le plus efficace pour
l'éducation morale de la jeunesse (p. 126-131).
Les châtiments infligés par les parents sont générale-

ment en contradiction avec le principe de cette méthode : ce sont des pénalités artificielles, non des
conséquences directes des transgressions (p. 132).
Exemples de l'emploi du système des réactions naturelles (p. 133-137). Avantages de ce système : il fait
acquérir l'idée du rapport de cause à effet relativement aux actions et à leurs résultats ; il est conforme
à la justice ; il évite aux parents d'avoir à intervenir
comme auteurs du châtiment, et prévient ainsi la
désaffection que peut faire naître le système habituel
de corrections (p. 137-142).

Que faut-il faire toutefois dans le cas d'une faute grave
(p. 143)? Observations préalables : rapports à établir
entre les parents et les enfants, expliqués par des
exemples (p. 143-149) ; ces rapports préviendront beaucoup de fautes graves (p. 149 150). Conduite à tenir
par les parents si des fautes de cette nature se produisent néanmoins (p. 150-153).

Conseils généraux aux parents : ne pas trop attendre
ni exiger des enfants (p. 154) ; user le moins possible des moyens d'autorité (p. 155), et ne pas mul-
tiplier les ordres (p. 157) ; mais, quand un ordre a été
donné, exiger l'obéissance (p. 158). Le but de l'éducation est d'habituer l'enfant à se gouverner lui-
même (p. 159-161). L'éducation est une tâche difficile ;
elle demande, de la part des parents une constante
application à se rendre dignes de leur mission (p. 161-
164).

On ne voit pas le défaut capital de nos program-
mes d'éducation. Tandis qu'on perfectionne beaucoup nos systèmes par le détail, dans le fond et dans
la forme, le plus pressant *desideratum* n'a pas encore
été reconnu, même en tant que *desideratum*. Préparer la jeunesse aux devoirs de la vie, tel est l'objet
que les parents et les maîtres ont tacitement en vue
dans l'éducation, et heureusement, la valeur des
choses enseignées, l'excellence des méthodes suivies,
sont jugées maintenant par leur adaptation à cet
objet. C'est pour cela qu'on juge convenable de
substituer à une éducation purement classique une

éducation dans laquelle entre l'étude des langues
modernes. On insiste sur la nécessité d'y faire entrer
aussi l'étude des sciences, pour des raisons analogues. Mais quoiqu'on prenne soin de préparer la
jeunesse des deux sexes à la vie sociale et à la vie
publique, on ne la prépare aucunement à la situation de pères et de mères de famille. Tandis qu'on
est convaincu que, pour savoir gagner sa vie dans
ce monde, il faut avoir passé par une préparation
laborieuse, on paraît croire que, pour élever
des enfants, aucune préparation n'est nécessaire.
Tandis que le jeune homme emploie des années à
acquérir ce genre de connaissances dont le principal mérite est qu'elles constituent « l'éducation
d'un homme du monde », et la jeune fille, ces talents d'agrément qui feront d'elle l'ornement des soi-
rées, ils ne donnent pas une heure aux études qui
pourraient les mettre en état de remplir le devoir
le plus grave de tous : le gouvernement de la famille. Est-ce donc que ce devoir à remplir ne se
présentera que très éventuellement dans leur vie?
Au contraire, il est certain que, neuf fois sur dix, il
pèsera sur eux. Est-ce donc qu'il est aisé à remplir?
Au contraire, de toutes les fonctions de l'homme,
celle-ci est la plus difficile. Est-ce donc que l'on
peut compter que tout jeune homme et toute jeune
fille acquerront d'eux-mêmes, par leur propre initiative, les connaissances nécessaires à l'accomplissement de leurs futurs devoirs comme parents? Point
du tout; car d'abord, on ne reconnaît même pas la
nécessité d'acquérir ces connaissances, et de plus la
complexité du sujet est telle que l'art d'élever des
enfants est celui dans lequel on a le moins de
chance de réussir à se former soi-même. On ne
peut invoquer aucun motif raisonnable pour laisser
l'art de l'éducation en dehors de nos cours d'études.
Que nous nous placions au point de vue du bonheur
des parents eux-mêmes, ou de l'existence des enfants

et de leur postérité, nous devons admettre que la connaissance des meilleures méthodes d'éducation physique, intellectuelle et morale, est très importante à acquérir. Ce sujet devrait servir de couronnement aux études de l'un et de l'autre sexe. Comme, au physique, la maturité est caractérisée par la puissance de procréer des enfants, la maturité intellectuelle est caractérisée par la puissance d'élever ces enfants. *Le sujet qui comprend tous les autres sujets, et qui doit par conséquent former le point culminant de l'éducation, c'est la théorie et la pratique de l'éducation.*

En l'absence de cette préparation, le gouvernement des enfants, et particulièrement leur gouvernement moral, est lamentablement mauvais. Ou les parents n'y pensent pas du tout, ou leurs conclusions sur cette matière sont erronées et illogiques. Dans la plupart des cas, et surtout de la part des mères, la manière de traiter les enfants dans chaque occasion qui se présente, est celle de l'impulsion du moment. Elle n'émane aucunement d'une conviction raisonnée de ce qui convient au bien de l'enfant, mais simplement du sentiment, bon ou mauvais, qu'éprouvent les parents ; et elle varie d'heure en heure avec ces sentiments eux-mêmes. Ou si aux inspirations du caprice se joint quelque doctrine, quelque méthode définie, ce sont les doctrines et les méthodes héritées du temps passé, suggérées par nos souvenirs d'enfance, adoptées sur la foi des nourrices et des domestiques, méthodes trouvées non par la science, mais par l'ignorance des temps. Jean-Paul (1), commentant cet état chaotique de l'opinion et de la pratique en matière de gouvernement de la famille, a écrit :

(1) Jean-Paul Richter (1763-1825), célèbre humoriste allemand, appelé ordinairement *Jean-Paul* tout court, a écrit entre autres un traité d'éducation intitulé *Levana* (1807) ; c'est de ce traité qu'est extraite la citation qui va suivre.

« Si les variations secrètes d'un grand nombre de pères appartenant à la moyenne des esprits étaient mises au jour, arrangées en plan d'études pour servir à l'éducation morale des enfants, elles composeraient un ensemble dans le genre de celui-ci : À la première heure : « C'est la morale pure qui doit être enseignée à l'enfant, soit par moi, soit par ceux qui ont charge de lui; » à la deuxième heure : « La morale mixte, ou la morale de l'utilité pour soi-même; » à la troisième heure : « Ne voyez-vous pas que votre père fait ainsi? » à la quatrième heure : « Vous êtes petit, et cela ne convient qu'aux grandes personnes; » à la cinquième heure : « La grande affaire est que vous réussissiez dans le monde et deveniez quelque chose dans l'État; » à la sixième heure : « Ce sont les choses éternelles et non les temporelles qui déterminent le mérite de l'homme; » à la septième heure : « Donc supportez l'injustice et ayez patience; » à la huitième heure : « Mais défendez-vous bravement si l'on vous attaque; » à la neuvième heure : « Cher enfant, ne faites pas de bruit; » à la dixième heure : « Un petit garçon ne doit pas rester immobile comme cela; » à la onzième heure : « Il faut obéir à vos parents; » à la douzième heure : « Et faire votre éducation vous-même. » Ainsi, à toute heure, le père, par les variations de ses principes, cache ce qu'ils ont d'insoutenable et d'incomplet. Quant à sa femme, on ne peut la comparer ni à lui, ni même à cet arlequin qui paraissait sur la scène avec une liasse de papiers sous chaque bras, et qui répondait à ceux qui lui demandaient ce qu'il avait sous le bras droit : « Des ordres; » et à ceux qui demandaient ce qu'il avait sous le bras gauche : « Des contre-ordres. » Le seul terme de comparaison que je trouve pour la mère, ce serait un géant Briarée, à cent bras, avec une liasse de papiers sous chaque bras! »

Cet état de choses n'est pas près de changer. Des

générations doivent passer avant qu'on puisse espérer qu'il s'améliore beaucoup. De même que les constitutions politiques, les systèmes d'éducation ne se créent pas, ils se développent; et le développement n'est pas appréciable en de courtes périodes de temps. Si lentes, cependant, que doivent être les améliorations, elles impliquent l'emploi de moyens pour y parvenir : et la discussion est un de ces moyens.

Nous ne sommes pas de ceux qui croient au dogme de lord Palmerston, que « tous les enfants sont nés bons ». En somme, le dogme contraire, si insoutenable qu'il soit, nous paraît encore moins éloigné de la vérité. Nous ne croyons pas davantage qu'on peut, par une éducation habilement conduite, les amener à être complètement ce qu'ils devraient être. Au contraire, nous savons que, si l'on peut diminuer leurs imperfections naturelles, on ne peut pas les détruire. On pourrait comparer l'opinion de certaines personnes qu'un système parfait d'éducation produirait une humanité idéale, à cette opinion du poète Shelley (1), que, si l'humanité abolissait ses anciennes institutions et oubliait ses anciens préjugés, tous les maux qui existent dans ce monde disparaîtraient tout à coup : ni l'une ni l'autre opinion ne peut être partagée par ceux qui ont étudié sans passion les choses humaines.

Malgré cela, les personnes qui nourrissent ces trop confiantes espérances ont droit à nos sympathies. L'enthousiasme, même poussé jusqu'au fanatisme, est un moteur utile, et peut-être même indispensable. Il est clair que le politique ardent ne supporterait pas les fatigues qu'il endure, ne ferait pas

(1) Shelley (1792-1822), « un des plus grands poètes du siècle » (Taine), a développé dans plusieurs de ses ouvrages, entre autres dans son poème de la *Reine Mab*, la généreuse utopie à laquelle fait allusion M. Spencer.

les sacrifices qu'il s'impose, s'il ne croyait point que la réforme pour laquelle il combat est la seule chose nécessaire. Sans la conviction où il est que l'ivrognerie est la source de tous les maux de la société, le *teetotaller* (1) serait bien moins zélé pour sa propagande. En philanthropie, comme en d'autres matières, la division du travail produit un grand avantage, et, pour qu'il y ait division du travail, il faut que chaque philanthrope soit plus ou moins absorbé par sa fonction particulière et ait une foi exagérée dans son œuvre. De là vient que nous pouvons dire, de ceux qui regardent l'éducation intellectuelle et morale comme la panacée, que l'exagération de leur attente n'est pas sans avantage ; et c'est peut-être une partie de l'ordre bienfaisant des choses, que leur confiance ne puisse être ébranlée.

Mais, lors même qu'il serait vrai que, par quelque système d'éducation morale encore à trouver, on pût façonner les enfants sur le modèle désirable, et lors même qu'on pourrait faire adopter ce système à tous les parents, nous serions encore loin d'atteindre l'objet en vue. On oublie que l'applica-

(1) On appelle familièrement en Angleterre du nom de *teetotallers* les partisans de l'abstention totale des boissons alcooliques. Voici, selon la tradition, l'origine de cette désignation bizarre. Les premières sociétés de tempérance ne proscrivaient que les liqueurs fortes, et permettaient l'usage du vin et de la bière. La mesure parut insuffisante, et l'on proposa bientôt d'étendre le vœu d'abstinence à toute boisson enivrante. Dans un meeting où cette question était discutée, un orateur, qui était bègue, et qui parlait en faveur de l'abstinence totale, s'écria : *I am a t-t-total abstainer.* Des plaisants que cette prononciation défectueuse avait égayés, fabriquèrent aussitôt les mots *teetotalism* et *teetotaller,* destinés à parodier le bégaiement de l'apôtre de la tempérance absolue. Ces mots firent fortune, et sont restés dans la langue.

tion d'un pareil système suppose de la part des
adultes un degré d'intelligence, de bonté, d'empire
sur soi-même que personne ne possède. L'erreur
de ceux qui discutent les questions d'éducation
domestique consiste à attribuer tous les défauts, à
imputer toutes les difficultés aux enfants, et rien
aux parents. En ce qui touche au gouvernement
de la famille, comme en ce qui touche au gouvernement de la nation, on suppose toujours que les
vertus sont du côté des gouvernants, et les vices du
côté des gouvernés. A en juger par les théories
d'éducation, il semble qu'hommes et femmes soient
transformés, aussitôt qu'on les envisage en tant que
pères et mères. Nous voyons tous les jours que les
gens avec lesquels nous avons des relations commerciales, ou que nous rencontrons dans le monde,
sont des êtres imparfaits. Dans les scandales journaliers, dans les querelles entre d'anciens amis,
dans les banqueroutes, dans les procès, dans les
rapports de la police, nous avons tous les jours la
preuve de l'égoïsme, de l'improbité, de la brutalité
générale; et cependant, quand on critique la mauvaise conduite des enfants, on semble tenir pour un
fait établi que ceux qui les élèvent, et qui ne sont
autres que tous ces pécheurs-là, n'ont aucun tort
dans la façon dont ils se comportent à l'égard de
leurs fils et de leurs filles. Ceci est si loin d'être
vrai, que, pour notre part, nous n'hésitons pas à
imputer aux parents la plus grande partie des dé-
sordres domestiques qu'on attribue ordinairement
à la perversité des enfants. Nous ne disons point
qu'il en soit ainsi chez les personnes bienveillantes
et maîtresses d'elles-mêmes, au nombre desquelles
nous espérons pouvoir ranger la majorité de nos
lecteurs; mais nous affirmons que cela est vrai de
la masse. Quelle sorte de culture morale peut
donner une mère qui a l'habitude de secouer rudement son enfant quand il ne veut pas teter, chose

que nous avons vue de nos propres yeux ? Quel
sentiment de la justice un père pourra-t-il inculi-
quer quand, averti par les cris de son enfant que
celui-ci a le doigt pris dans une porte, il commence
par le battre au lieu de le délivrer? Le fait nous a
été affirmé par un témoin oculaire. Exemple plus
fort encore, et garanti également par un témoignage direct : un enfant est rapporté à la maison
avec une jambe cassée, et on l'accueille par des
coups! Quel espoir d'éducation morale peut-on concevoir pour cet enfant? Il est vrai que ce sont là
des cas extrêmes, des cas qui dénotent dans l'être
humain la présence de cet instinct aveugle qui porte
la brute à détruire ses petits quand ils sont malades
ou blessés Mais, si extrêmes qu'ils soient, ils offrent
des types de sentiments et de procédés qu'on observe tous les jours dans beaucoup de familles. Qui
n'a vu bien des fois un enfant être frappé par une
bonne ou par des parents, à cause de sa maussaderie, maussaderie dont sa santé est probablement
la cause? Qui n'a entendu une mère, quand elle
ramasse brusquement un pauvre petit tombé par
terre, l'appeler petit sot, avec une irascibilité qui
présage pour tout l'avenir une suite sans fin d'aigres réprimandes? Et le ton dur sur lequel un père
ordonne à son fils de se tenir tranquille ne mon-
tre-t-il pas combien il est loin d'entrer dans sa manière de sentir? Est-ce que les contrariétés perpétuelles et inutiles qu'on fait souffrir aux enfants;
par exemple, l'ordre de s'asseoir, quand, chez une
petite créature si active, l'immobilité doit produire
une grande irritation nerveuse; la défense de regarder par les portières en chemin de fer, quand
c'est là pour un enfant intelligent une privation sérieuse : est-ce que tout cela n'indique pas une ter-
rible absence de sympathie? La vérité est que les
difficultés de l'éducation morale ont une double
origine, et qu'elles proviennent à la fois des parents

et des enfants. Si la transmission héréditaire est
une loi de la nature, comme le savent tous les naturalistes, et comme le redisent l'expérience de tous
les jours et les proverbes des nations, alors, dans la
moyenne des cas, les défauts des enfants sont le
reflet des défauts des parents. Nous disons la moyenne
des cas, parce que, le fait de transmission se trou-
vant compliqué par l'influence des ancêtres éloignés,
il ne peut être vrai que d'une façon générale. Et si,
dans la moyenne des cas, cette hérédité de défauts
existe, les mauvaises passions que les parents ont à
combattre chez leurs enfants sont précisément celles
qu'ils ont eux-mêmes. Cela peut n'être point aperçu
du dehors, cela peut être couvert et caché par
d'autres sentiments; mais cela est. Donc, évidemment, on ne peut espérer voir régner un système
idéal de discipline : les parents ne sont pas assez
bons pour cela.

De plus, lors même qu'il y aurait des méthodes
par lesquelles on pourrait atteindre au but désiré;
et lors même que les pères et mères auraient assez
de pénétration, de bienveillance, d'empire sur eux-
mêmes pour appliquer ces méthodes avec suite,
on pourrait soutenir qu'il serait impossible de ré-
former le gouvernement de la famille plus vite que
ne sont réformées les autres choses. Quel est l'objet
qu'on a en vue? L'éducation, de quelque nature
qu'elle soit, n'a-t-elle pas pour fin prochaine de
préparer l'enfant à la vie, de former un citoyen qui
puisse faire son chemin dans le monde? Et faire son
chemin dans le monde (nous n'entendons pas, par
là, devenir riche, mais acquérir les moyens d'élever
une famille), cela n'implique-t-il pas une certaine
adaptation de l'individu au monde tel qu'il est maintenant? Si l'on pouvait, au moyen d'un système
d'éducation donné, produire un être humain idéal,
n'est-il pas douteux qu'il fût propre à vivre dans le
monde tel qu'il est? Ne pouvons-nous pas soup-

çonner avec raison que l'extrême délicatesse de ses sentiments, que l'extrême élévation de ses règles de conduite, lui rendraient la vie intolérable ou même impossible? Et, si admirable que le résultat obtenu pût être au point de vue de l'individu, ne serait-il pas manqué au point de vue de la société et de la famille? Il y a beaucoup de raisons de croire que dans une famille, de même que dans une nation, le gouvernement est, en somme, aussi bon que le permet l'état général de la nature humaine. Dans ce cas comme dans l'autre, le caractère moyen des individus détermine celui de l'autorité exercée. Dans les deux cas, le perfectionnement du caractère individuel conduit au perfectionnement du système : et nous disons que, s'il était possible de perfectionner le système sans que le caractère moyen de la société eût été perfectionné préalablement, le mal s'ensuivrait plutôt que le bien. La dureté dont les enfants ont à souffrir maintenant de la part de leurs parents et de leurs maîtres peut être regardée comme une préparation à la dureté bien plus grande qu'ils rencontreront à leur entrée dans le monde. Et l'on peut objecter que, s'il était possible que les parents et les maîtres les traitassent avec une entière équité, avec une parfaite bienveillance, cela ne ferait que donner plus d'intensité aux souffrances que l'égoïsme des hommes doit, plus tard, leur infliger (1).

(1) C'est là l'excuse que quelques personnes présentent pour la rude façon dont sont traités les garçons dans nos collèges : apprentissage, dit-on, dans un monde en miniature, des rigueurs que leur prépare le monde réel ; mais cette excuse est fort insuffisante. Car, si la discipline de la maison paternelle et celle de l'école ne doivent pas être beaucoup plus douces que celle du monde, elles peuvent être un peu plus douces ; et, au contraire, la discipline à laquelle sont soumis les enfants à Eton, à Winchester, à Harrow, etc., est pire que celle de la

Quelqu'un demandera : « Mais n'est-ce pas là trop prouver? Si aucun système d'éducation morale ne peut rendre les enfants ce qu'ils doivent être; si, en supposant que ce système existât, les parents sont trop imparfaits pour l'appliquer; si même, dans le cas où ce système pourrait être appliqué, ses résultats devaient se trouver incompatibles avec l'état présent de la société, ne s'ensuit-il pas que la réforme du système actuel n'est ni possible ni désirable? » Non : il s'ensuit seulement que la réforme du gouvernement domestique doit aller du même pas que les autres réformes; il s'ensuit seulement que les méthodes d'éducation ne peuvent et ne doivent être améliorées que graduellement; il s'ensuit seulement que les règles de la perfection abstraite seront, dans la pratique, inévitablement subordonnées à l'état présent de l'humanité, — tant à cause de l'imperfection des enfants que de celle des parents et de la société, — et qu'elles ne pourront être mieux observées qu'à mesure que la moralité générale fera des progrès.

« Mais alors, reprend notre critique, il est inutile de formuler un idéal d'éducation domestique. Il ne peut y avoir aucun avantage à chercher et à préconiser des méthodes qui sont en avance sur notre temps. » Ici encore, nous prétendons le contraire. De même qu'en ce qui touche au gouvernement politique, bien que les lois de la pure justice

vie adulte, — plus injuste, plus cruelle. Au lieu d'aider au progrès de l'humanité, — ce que toute éducation doit faire, — le régime de nos écoles publiques tend à accoutumer les enfants à une forme despotique de gouvernement, à la domination de la force, et, par conséquent, à adapter leurs idées à un état social inférieur à celui qui existe. Recrutée qu'est en grande partie notre législature parmi les anciens élèves de ces établissements, on peut voir dans cette influence anti-civilisatrice un empêchement au progrès de la nation. (*Note de M. Spencer.*)

soient à présent inapplicables, il est bon de les connaître, afin que tous les changements qu'on opère soient faits dans le sens de ces lois et non pas en sens contraire; de même, en ce qui touche au gouvernement domestique, il est bon de montrer l'idéal, afin qu'on puisse en approcher par degrés. Nous n'avons à redouter aucune mauvaise conséquence de notre persévérance à maintenir cet idéal. En général, le conservatisme instinctif de la société est assez fort pour empêcher un changement trop rapide. Les choses sont ainsi arrangées que, tant que les hommes ne se sont pas élevés au niveau des idées morales supérieures, ils ne peuvent pas les recevoir : ils les acceptent nominalement, mais non virtuellement; et, quand la vérité est reconnue, les obstacles à sa mise en pratique sont si persistants, qu'ils peuvent lasser la patience des philanthropes et même celle des philosophes. Nous pouvons donc être sûrs d'avance que les difficultés qu'on rencontrera sur sa route, avant d'arriver à une éducation normale des enfants, retarderont toujours dans la mesure nécessaire les efforts faits pour y parvenir.

Après ces explications préliminaires, passons aux considérations sur les véritables objets et les véritables méthodes de l'éducation morale. Quand nous aurons consacré quelques pages à établir les principes généraux, pages pour lesquelles nous réclamons la patience du lecteur, nous tâcherons d'éclairer par des exemples la conduite que doivent tenir les parents au milieu des difficultés qui se présentent continuellement dans l'éducation domestique.

Quand un enfant se laisse tomber, ou se heurte la tête contre la table, il ressent une douleur dont le souvenir tend à le rendre plus attentif; et, par la répétition de ces expériences, il arrive à savoir guider ses mouvements. S'il touche à la barre de fer de la cheminée, s'il passe la main sur la flamme d'une bougie, ou fait rejaillir une goutte d'eau bouillante sur sa peau, la brûlure qu'il reçoit est une leçon qui ne sera pas aisément oubliée. L'impression produite par un ou deux événements de cette nature est si forte, qu'aucune persuasion ne pourra, dans la suite, l'amener à mépriser ainsi les lois de sa constitution.

Or, dans des cas comme ceux-là, la nature nous montre, de la manière la plus simple, quelles sont la vraie théorie et la vraie pratique de l'éducation morale : — théorie et pratique qui pourront paraître, à un esprit superficiel, ne point différer de ce qui est communément admis, et qui pourtant s'en écartent considérablement, comme l'examen le montrera.

Remarquez d'abord que, pour les blessures corporelles et pour la douleur qui s'ensuit, notre faute et ses conséquences sont réduites à leurs formes les plus simples. Quoique, dans l'acception populaire, les mots de *bien* et de *mal* ne s'appliquent guère aux actions qui ne produisent que des effets corporels, quiconque y réfléchit voit que ces actions peuvent être distinguées par ces deux qualifications. De quelque hypothèse qu'on parte, toute théorie morale accorde qu'une conduite dont les résultats immédiats et éloignés sont, en somme, bienfaisants, est une bonne conduite; tandis qu'une conduite dont les résultats immédiats et éloignés sont, en somme, malfaisants, est une mauvaise conduite : le critérium qui sert aux hommes, en dernière analyse, à juger leur conduite, c'est le bonheur ou le malheur qu'elle produit. Nous regardons l'ivrognerie comme mauvaise, parce que la dégénération physique et les maux qui l'accompagnent sont, pour l'ivrogne et pour sa famille, les suites qu'elle entraîne. Si le vol était avantageux tant à celui qui perd qu'à celui qui dérobe, il ne figurerait pas sur la liste des délits. S'il était possible que les actes de bonté multipliassent les souffrances humaines, nous les condamnerions, nous ne les regarderions pas comme bons. Il suffit de lire le premier article venu de n'importe quel journal politique ou d'écouter n'importe quelle conversation sur les affaires sociales, pour voir que les votes du parlement, que les mouvements politiques, que les entreprises philanthropiques, sont, de même que les actions des individus, jugés d'après les résultats qu'on en attendait, soit pour augmenter les jouissances, soit pour augmenter les souffrances des hommes. Et si, en analysant toutes les idées secondaires et dérivées, nous voyons que tel est toujours notre critérium final du bien et du mal, nous ne pouvons nous refuser à appeler nos actes physiques bons ou mauvais selon qu'ils produiront des résultats bienfaisants ou nuisibles.

Remarquez, en second lieu, le caractère des châtiments qui préviennent ces transgressions physiques. Nous nous servons du mot de châtiments, faute de mieux ; car ce ne sont pas des châtiments dans le sens littéral ; ce ne sont pas des peines artificiellement et inutilement infligées ; ce sont simplement des empêchements bienfaisants mis aux actions qui contrarient essentiellement les intérêts de notre corps, empêchements sans lesquels la vie serait bientôt anéantie par les atteintes qu'elle aurait à souffrir. C'est le trait particulier de ces châtiments (si nous pouvons les appeler ainsi), d'être simplement les conséquences inévitables des actes qui les amènent : ce ne sont que les inévitables réactions des actions de l'enfant.

Qu'on se souvienne ensuite que ces réactions accompagnées de peine sont toujours proportionnées aux transgressions. Un léger accident ne produit qu'une douleur légère ; un accident plus sérieux produit une douleur plus grave. Il n'est pas dans l'ordre des choses qu'un enfant qui se heurte au seuil de la porte et tombe, souffre plus qu'il n'est nécessaire, afin qu'il devienne par là plus circonspect qu'il n'est nécessaire aussi. Par l'expérience journalière, il apprend à connaître quels sont les châtiments, plus ou moins graves, de ses méprises plus ou moins graves, et il agit en conséquence.

Enfin, remarquez que ces réactions naturelles qui suivent les actions erronées de l'enfant, sont constantes, directes, sûres, et qu'il ne peut y échapper. Point de menaces! seulement une muette et rigoureuse exécution! S'il s'enfonce une épingle dans le doigt, il y a douleur; s'il l'enfonce encore, il y a douleur une seconde fois, et ainsi de suite sans fin. Dans tous ses rapports avec la nature inorganique, il rencontre cette persistance infaillible qui n'écoute aucune excuse et dont l'action est sans appel; et bientôt, reconnaissant cette discipline sévère, quoique bienfaisante, il devient extrêmement attentif à ne pas transgresser la loi.

Ces vérités générales nous apparaîtront plus significatives encore, quand nous nous rappellerons qu'elles restent des vérités pendant toute la vie adulte, comme pendant toute l'enfance. C'est par l'expérience acquise des conséquences naturelles de leurs actes qu'hommes et femmes sont arrêtés sur la pente du mal. Après que l'éducation domestique est finie, et qu'il n'y a plus là de parents ni de maîtres pour défendre ceci et cela, il reparaît une discipline semblable à celle par laquelle le petit enfant a appris à diriger ses mouvements. Si le jeune homme qui entre dans la vie perd son temps dans l'oisiveté, ou remplit mal et négligemment les fonctions qui lui sont confiées, le châtiment naturel ne se fait pas attendre; il perd son emploi, et il souffre pendant un temps les maux d'une pauvreté relative. L'homme qui n'a point de ponctualité, qui manque continuellement ses rendez-vous de plaisir et d'affaires, en supporte les conséquences, qui sont des pertes d'argent et des privations de jouissances. Le marchand qui veut faire de trop gros profits perd ses pratiques et est ainsi arrêté dans son avidité.

Les malades qui le quittent apprennent au médecin négligent à se donner plus de peine pour ceux qui lui restent. Le créancier crédule, le spéculateur trop confiant, reconnaissent par les embarras dans lesquels ils se jettent la nécessité d'être plus prudents à l'avenir dans les affaires. Il en est ainsi dans la vie tout entière. Dans le dicton qu'on cite si souvent en pareille circonstance : « L'enfant brûlé craint le feu, » nous voyons que la sagesse populaire constate l'analogie entre la discipline sociale et la discipline de la nature à l'égard de l'enfant, et qu'elle reconnaît en même temps que cette discipline est la plus efficace. Tout le monde a entendu quelqu'un dire qu'une « expérience chèrement achetée » l'a décidé à changer de conduite. Tout le monde a entendu dire à ceux qui blâmaient la conduite de tel prodigue ou de tel spéculateur imprudent, que tous les conseils seraient inutiles, et que « l'expérience amère », c'est-à-dire la souffrance qui suit inévitablement de telles erreurs, serait seule efficace. S'il fallait une autre preuve que la réaction naturelle de nos actions est la plus efficace des pénalités, qu'aucune pénalité d'invention humaine ne saurait la remplacer, on trouverait cette preuve dans la stérilité de nos systèmes de peines légales. De toutes les méthodes de discipline criminelle proposées et mises en vigueur par le législateur, aucune n'a répondu à l'attente qu'on en avait conçue. Les châtiments artificiels n'ont jamais amendé les coupables, et quelquefois ils ont produit une recrudescence de criminalité. Les seuls pénitenciers où l'on ait obtenu quelque succès sont les établissements dont le régime est autant que possible imité de la nature, c'est-à-dire où l'on ne fait guère qu'appliquer au criminel les conséquences de sa mauvaise conduite : diminuant sa liberté dans la mesure où il est nécessaire pour la sécurité de la société, et exigeant de lui qu'il gagne sa vie avec la gêne de cette entrave.

« Nous voyons par là : d'abord, que la discipline par laquelle la nature enseigne au jeune enfant à régler ses mouvements est la même qui retient sous la loi la grande majorité des hommes et par laquelle ils sont plus ou moins moralisés ; ensuite, que toutes les disciplines d'invention humaine appliquées aux plus mauvais d'entre eux sont impuissantes, lorsqu'elles s'éloignent de cette discipline divinement ordonnée, et qu'elles ne commencent à réussir que lorsqu'elles s'en rapprochent.

Cela ne nous donne-t-il pas le principe dirigeant de l'éducation morale ? Ne devons-nous pas en inférer qu'un système si bienfaisant pendant la première enfance et la maturité est également bienfaisant dans la jeunesse ? Quelqu'un peut-il croire que la méthode si efficace dans la première et dans la dernière période de la vie ne le soit pas dans la période intermédiaire ? N'est-il pas évident que la fonction des parents est de veiller, comme « serviteurs et interprètes de la nature, » à ce que leurs enfants éprouvent les vraies conséquences de leur conduite, — les réactions naturelles, — ne les écartant pas, ne les augmentant pas, ne leur substituant pas des conséquences artificielles ? Aucun lecteur non prévenu ne refusera à cette proposition son assentiment.

Il est probable que bien des personnes prétendront que c'est là justement ce que font la majorité des parents ; que les punitions qu'ils infligent sont ordinairement la conséquence légitime de la mauvaise conduite ; que la colère paternelle, qui s'exprime par des mots durs et des actes sévères, est le résultat de la transgression commise par l'enfant, et que la souffrance physique ou morale que l'enfant en reçoit devient la réaction naturelle d'une action mauvaise. Il y a dans cette assertion, avec beaucoup d'erreur, un peu de vérité. Il est hors de doute que le mécontentement des pères et mères est une conséquence légitime des fautes des enfants; et que les manifestations qu'ils en donnent sont une répression normale de ces fautes. Les réprimandes, les menaces, les coups qu'un père irrité prodigue à son enfant coupable sont certainement des effets produits chez le père par l'inconduite de l'enfant, et, à ce titre, peuvent être regardés comme étant, en quelque sorte, les réactions naturelles de ses mauvaises actions. Nous n'avons nullement envie de prétendre que ces modes de traitement ne soient pas relativement bons, — bons, voulons-nous dire, par rapport aux enfants ingouvernables d'adultes qui ont été eux-mêmes mal gouvernés dans leur jeunesse, et bons par rapport à l'état d'une société dans laquelle ces adultes mal disciplinés forment la grande majorité de la nation. Comme nous l'avons dit déjà, les systèmes d'éducation, de même que les institutions politiques et autres, sont généralement aussi bons que le permet le degré de culture de l'humanité. Les enfants barbares de parents barbares ne peuvent probablement être contenus que par les méthodes barbares dont de pareils parents usent spontanément ; et ces méthodes barbares renferment probablement la meilleure préparation que ces enfants puissent recevoir pour vivre dans la société barbare où ils seront appelés à jouer un rôle. Au contraire, les membres civilisés d'une société civilisée seront naturellement portés à témoigner leur mécontentement d'une manière moins violente, useront naturellement de moyens plus doux : — moyens qui seront suffisamment forts pour leurs enfants déjà améliorés. Il est donc vrai, en ce qui touche le sentiment des parents et la façon dont ils le manifestent, que le principe de la réaction naturelle est toujours plus ou moins suivi. Le système de l'éducation domestique gravite vers sa forme normale.

Mais observez maintenant deux faits importants. Le premier, c'est que, dans un état de transition rapide comme celui où nous nous trouvons, état pendant lequel les vieilles et les nouvelles théories, les vieilles et les nouvelles pratiques sont constamment en conflit, il peut arriver que les systèmes d'éducation se trouvent en désaccord avec les temps. Par égard pour des dogmes qui ne convenaient qu'aux temps qui les ont formulés, bien des parents infligent à leurs enfants des châtiments dont l'emploi est une violence faite à leur sentiment personnel, et font ainsi éprouver à ces enfants des réactions contre nature; tandis que d'autres parents, enthousiastes dans leur espérance de perfection immédiate, se jettent dans l'excès opposé. Le second fait, c'est que la manifestation de l'approbation ou de la désapprobation des parents ne constitue pas la meilleure des disciplines; la discipline par excellence, c'est l'expérience des résultats nécessaires qui, en l'absence de toute intervention des parents, découleraient de la conduite des enfants. Les conséquences vraiment instructives et salutaires, ce ne sont pas celles que font naître des parents qui s'instituent les représentants de la nature, mais celles que produit la nature elle-même. Nous allons essayer de rendre claire cette distinction par quelques exemples qui, en montrant ce que nous entendons par réactions naturelles et réactions artificielles, fourniront l'idée des applications pratiques.

Dans toutes les familles où il y a de jeunes enfants, il arrive tous les jours que ceux-ci font ce que les mères et les servantes appellent « du désordre ». Un enfant a semé des jouets sur le plancher; une poignée de fleurs rapportées d'une promenade matinale a été dispersée sur les tables et sur les chaises; une petite fille, en faisant des robes pour sa poupée, a rempli la chambre de rognures d'étoffe : presque toujours, la peine de réparer ce désordre incombe à qui elle ne devrait pas incomber. S'il a lieu dans la chambre des enfants, la bonne, après avoir grogné contre « les ennuyeuses petites créatures », entreprend la tâche elle-même; s'il a lieu dans l'appartement, cette tâche est dévolue soit aux aînés, soit aux domestiques, et tout ce qu'il arrive au transgresseur, c'est d'être grondé. Toutefois, dans un cas aussi simple que celui-là, les parents sont quelquefois assez sages pour suivre, avec plus ou moins de persistance, l'ordre naturel des choses, en commandant à l'enfant de ramasser lui-même les jouets, les fleurs ou les rognures. La peine de mettre les choses en ordre est la conséquence vraie de la faute qu'on a commise de les mettre en désordre. Tout marchand dans sa boutique, toute femme dans sa maison, en fait journellement l'expérience. Et, si l'éducation est une préparation à la vie, tout enfant doit, dès le commencement, l'expérimenter journellement aussi. Si l'enfant résiste (ce qui pourra arriver là où le système de discipline morale préalablement suivi n'a pas été bon), il faut lui laisser éprouver la réaction ultérieure de cette désobéissance. Comme il a refusé de ramasser et de mettre en ordre les objets qu'il avait dispersés et qu'il en a donné la peine à une autre personne, on lui refusera, dans les occasions subséquentes, les moyens de donner encore cette peine. Quand il viendra demander sa boîte de jouets, la réponse de la mère sera celle-ci : « La dernière fois qu'on vous a donné vos jouets, vous les avez laissés sur le plancher, et Jeanne a eu la peine de les ramasser. Jeanne a trop à faire pour ramasser tous les jours les objets que vous laissez à terre, et je ne puis le faire moi-même. Puisque vous ne voulez pas ramasser vos jouets quand vous avez fini de jouer, je ne puis pas vous les donner. » C'est là évidemment une conséquence naturelle, ni accrue, ni diminuée, et l'enfant doit le reconnaître. Le châtiment arrive au moment où il est le plus vivement senti. Le désir naissant est frustré, à l'instant même où sa réalisation était attendue, et la forte impression ainsi produite ne peut guère manquer d'avoir de l'effet sur la conduite future de l'enfant : effet qui, constamment reproduit, fera tout ce qu'il est possible de faire pour le corriger de son défaut. Ajoutez à cela que, par cette méthode, il apprendra de bonne heure ce qu'on ne saurait apprendre trop tôt, à savoir que, dans ce monde, le plaisir est le prix du travail.

Prenons un autre cas. Il n'y a pas longtemps que nous entendions journellement les réprimandes adressées à une petite fille qui n'était jamais prête pour la promenade quotidienne. D'un caractère vif, se laissant aisément absorber par l'occupation du moment, Constance ne pensait jamais à mettre son chapeau avant que les autres enfants fussent prêts à sortir. Sa gouvernante et ses sœurs étaient presque invariablement obligées de l'attendre, et, non moins invariablement, arrivait la réprimande maternelle. Quoique l'insuccès le plus complet accompagnât son système, la mère n'avait jamais eu l'idée de laisser Constance éprouver les conséquences naturelles de sa conduite. Bien plus, elle ne voulut pas essayer de cette méthode quand on la lui proposa. En ce monde, l'inexactitude entraîne la perte de quelque avantage qu'on aurait obtenu, si l'on eût été exact : c'est le train qui est parti; c'est le paquebot qui a levé l'ancre; ce sont les meilleures denrées du marché qui sont vendues, les meilleures places dans la salle de concert qui sont occupées; et l'on peut voir par des exemples journaliers que c'est la perspective d'une privation qui empêche les gens d'arriver trop tard. Ne voit-on pas clairement ce qu'il faut inférer de là? La perspective de la privation ne doit-elle pas servir de même à régler la conduite d'un enfant? Si Constance n'est pas prête à l'heure fixée, le résultat naturel de son inexactitude est d'être laissée et de manquer sa promenade. Et après qu'elle sera restée une ou deux fois à la maison pendant que les autres enfants se seront amusés dans les champs, après qu'elle aura vu que la perte de ce plaisir n'est due qu'à son manque de diligence, il est très probable qu'elle se corrigera. Dans tous les cas, la mesure prise à son égard aura toujours plus d'effet que ces gronderies perpétuelles, qui n'aboutissent à rien qu'à produire l'endurcissement.

De même, quand des enfants trop peu soigneux brisent ou perdent les objets qu'on leur donne, le châtiment naturel, — celui-là même qui apprend aux grandes personnes à avoir du soin, — c'est le désagrément qui en résulte. La privation de l'objet perdu ou brisé, la dépense qu'il faut faire pour le remplacer, sont les expériences par lesquelles hommes et femmes sont disciplinés en ces matières ; et les expériences des enfants doivent, autant que possible, être assimilées aux leurs. Nous ne parlons pas de cette première période de la vie, pendant laquelle l'enfant, en brisant ses jouets, apprend à en connaître les propriétés physiques, sans comprendre encore les conséquences du manque de soin ; nous parlons de cette seconde période dans laquelle on comprend le sens et les avantages de la propriété. Quand un enfant, assez âgé pour avoir un canif, s'en sert avec si peu de précaution qu'il en brise la lame, ou quand il le laisse dans l'herbe au pied de quelque haie, après avoir coupé une baguette, un père irréfléchi ou un oncle complaisant va tout de suite lui en acheter un autre, sans voir qu'il enlève ainsi à l'enfant l'occasion de recevoir une leçon utile. En pareil cas, un père doit expliquer que les canifs coûtent de l'argent ; que, pour avoir de l'argent, il faut l'acquérir par le travail, et qu'il ne peut acheter des canifs pour quelqu'un qui les casse ou qui les perd ; que par conséquent, jusqu'à ce que l'enfant ait donné la preuve qu'il est devenu plus soigneux, il n'aura pas d'autre canif. Une discipline semblable servira à arrêter la prodigalité chez l'enfant.

Ces exemples familiers que nous choisissons ici, parce que leur simplicité met notre argument en lumière, rendront claire pour tout le monde la distinction entre les châtiments naturels, que-nous soutenons être seuls efficaces, et les châtiments artificiels qu'on y substitue. Avant de présenter des applications plus délicates et plus hautes du principe éclairé par ces exemples, remarquons ses grands et nombreux avantages sur le principe, ou plutôt sur la pratique empirique, qui prévaut dans la plupart des familles.

Un de ces avantages, c'est que son application produit dans l'esprit des notions justes de cause et d'effet, notions que des expériences suivies rendent plus tard définies et complètes. On est bien plus sûr de se conduire comme il le faut dans la vie, quand on comprend les bonnes et les mauvaises conséquences de ses actions, que lorsqu'on ne fait qu'y croire sur l'autorité des autres. Un enfant qui voit que le désordre entraîne la peine de remettre les choses en ordre, ou que la lenteur fait perdre un plaisir, ou que le défaut de soin expose à manquer d'un objet utile et agréable, non seulement en sent vivement les effets, mais encore il acquiert l'idée du rapport de cause à effet , et cela suivant la manière même dont il en fera plus tard l'expérience dans la vie. Tandis que l'enfant qui, en pareil cas, reçoit une réprimande ou quelque châtiment factice, non seulement ne subit qu'une conséquence dont bien souvent il se soucie fort peu, mais ne reçoit point, sur la nature essentielle de la bonne ou de la mauvaise conduite, l'instruction qu'il eût sans cela reçue. En effet, l'un des vices du système des récompenses et des châtiments artificiels, vice que les esprits clairvoyants ont dès longtemps aperçu, c'est, en substituant aux conséquences naturelles de la mauvaise conduite des pensums ou des corrections, de fausser chez les enfants le critérium de la morale. Quand ils ont, pendant toute leur enfance et leur jeunesse, regardé le mécontentement des parents et des maîtres comme le principal résultat de leurs transgressions, il s'établit dans leur esprit une association d'idées entre la transgression et le mécontentement qu'elle produit, comme entre la cause et l'effet. Il en résulte que lorsque les parents et les maîtres ont abdiqué, et que leur mécontentement n'est plus à craindre, la règle morale se trouve en grande partie supprimée du même coup, et la véritable loi, celle des réactions naturelles, devra être apprise par une triste expérience. Ainsi que l'écrit un homme qui a personnellement connu les effets de ce système à courtes vues : « Une fois que les jeunes gens sont échappés de l'école, particulièrement ceux dont les parents ont négligé d'exercer leur influence, ils se jettent dans toutes les extravagances; ils ne connaissent point de règles d'action ; ils ignorent les raisons d'une conduite morale; leurs idées n'ont point de fondements sur lesquels elles puissent reposer ; et, jusqu'à ce qu'ils aient été sévèrement disciplinés par la vie, ils sont des membres extrêmement dangereux de la société. »

Un autre grand avantage de cette discipline naturelle, c'est qu'elle est celle de la stricte justice, et que tout enfant le sentira. Celui qui ne supporte d'autres maux que ceux qui, dans l'ordre naturel des choses, résultent de sa mauvaise conduite, ne se trouvera point injustement traité, comme celui qui supporte un châtiment artificiel; et cela est vrai des hommes aussi bien que des enfants. Prenez pour exemple un enfant qui est habituellement négligent dans le soin de ses habits, qui traverse les haies sans précaution, qui ne fait point attention à la boue. Si on le bat ou si on le met au lit, il se trouvera maltraité ; et il sera plus occupé à ruminer sur ses griefs qu'à se repentir de sa faute. Mais supposez qu'on l'oblige à réparer autant que possible le mal qu'il a fait, à nettoyer la boue dont il s'est couvert, à raccommoder les déchirures de ses vêtements, ne saura-t-il pas que c'est là un ennui qu'il s'est causé à lui-même ? Pendant qu'il souffrira la peine qui lui est due, n'aura-t-il pas constamment présent à l'esprit le lien entre cette peine et sa cause ? Et, malgré son irritation, n'aura-t-il pas plus ou moins clairement conscience de la justice de cet arrangement ? Si plusieurs leçons de cette espèce ne produisent pas leur effet ; si les habits neufs sont gâtés avant le temps, le père, poursuivant l'application de sa méthode de discipline, refusera de dépenser de l'argent pour de nouveaux habits avant l'époque où l'on a coutume d'en acheter ; et si, pendant ce temps-là, il se présente des occasions dans lesquelles, faute d'habits propres, l'enfant soit privé de sortir avec sa famille, comme, par exemple, des excursions le dimanche et des fêtes chez ses amis, il est évident que le châtiment sera très vivement senti, que l'enfant apercevra clairement l'enchaînement de cause et d'effet, et qu'il reconnaîtra que sa négligence est l'origine de la privation qu'il éprouve. Et, voyant cela, il ne se jugera pas en butte à une injustice, comme il l'eût fait s'il n'existait pas de lien évident entre la transgression et le châtiment qui la suit.

Puis le naturel des parents et des enfants est beaucoup moins sujet à s'altérer sous l'action de ce système que sous celle du système ordinaire. Quand, au lieu de laisser les enfants éprouver les résultats pénibles qui suivent naturellement la mauvaise conduite, les parents leur infligent eux-mêmes certaines autres peines, ils font un double mal. Comme ils ont identifié leur autorité et leur dignité avec le maintien des nombreuses lois domestiques qu'ils ont instituées, toute transgression devient une offense envers eux et une cause de colère de leur part. Et à cela s'ajoute la vexation qu'ils s'imposent en se chargeant, sous forme de travail ou de dépense supplémentaires, des conséquences mauvaises qui auraient dû tomber sur les délinquants. Il en est de même chez les enfants. Les châtiments que les réactions naturelles amènent, les peines qui leur sont infligées par des agents impersonnels, ne produisent qu'une irritation comparativement faible et passagère ; tandis que des châtiments volontairement infligés par des parents, et dont on se souvient comme de leur ouvrage, produisent une irritation à la fois plus grande et plus durable. Voyez combien on produirait de résultats désastreux si l'on appliquait cette méthode empirique dès le début de l'éducation ! Supposez qu'il fût possible aux parents de se charger des souffrances physiques que les enfants se causent à eux-mêmes par ignorance et maladresse, et que, tandis qu'ils supporteraient ces mauvaises conséquences, ils infligeassent à leurs enfants quelque correction destinée à leur apprendre qu'ils ont mal fait ; supposez que lorsqu'on a défendu à un enfant de toucher à la bouilloire et qu'il a, malgré cela, répandu de l'eau bouillante sur ses pieds, la mère pût prendre pour elle la brûlure et y substituer un soufflet, et de même dans tous les autres cas : ces accidents journaliers ne deviendraient-ils pas la source de bien plus d'irritation qu'aujourd'hui ? La mauvaise humeur ne serait-elle pas chronique des deux côtés ? Cependant, c'est exactement la politique que l'on adopte plus tard. Un père qui bat son fils parce qu'il a, par insouciance ou par malice, brisé le jouet de sa petite sœur, et qui ensuite achète à celle-ci un autre jouet, ce père-là fait tout à fait ce que nous venons de dire : il inflige une peine artificielle au transgresseur et prend pour lui la peine naturelle de la transgression, ce qui exaspère à la fois et sans nécessité ses propres sentiments et ceux du transgresseur. S'il exigeait simplement un acte de restitution, il causerait bien moins de chagrin. S'il disait à son fils qu'il devra acheter à ses frais un nouveau jouet à sa sœur, et qu'on lui retiendra pour cela son argent de poche jusqu'à concurrence de la somme nécessaire, il y aurait beaucoup moins d'irritation des deux côtés ; et en même temps l'enfant subirait une conséquence équitable et salutaire. Enfin, le système de la discipline par les réactions naturelles est le moins nuisible au caractère : d'abord, parce que l'on voit immédiatement qu'il est celui de la pure justice ; ensuite, parce que c'est l'action impersonnelle de la nature qui est mise en jeu, au lieu de l'action personnelle des parents.

Enfin vient ce corollaire évident, que par ce système les relations entre les parents et les enfants seront plus affectueuses et que par conséquent l'influence en deviendra plus profitable. La colère, chez les parents et les enfants, de quelque cause qu'elle provienne et quelque forme qu'elle prenne, est toujours désastreuse. Mais la colère d'un père contre son fils, et d'un fils contre son père, l'est doublement, parce qu'elle affaiblit ce lien de sympathie qui est nécessaire à tout gouvernement bienfaisant. En vertu de la loi des associations d'idées, il arrive inévitablement, chez les vieux et chez les jeunes, qu'on prend en aversion les choses qui se présentent habituellement à nous accompagnées de sentiments désagréables. Et, là où l'attachement existait originairement, il survient du refroidissement ou de l'éloignement, dans la proportion de la force et de la fréquence des impressions reçues. La colère paternelle qui s'exprime par des réprimandes et des châtiments ne peut pas manquer de produire, si la chose se répète souvent, de la froideur chez l'enfant, pendant que le ressentiment et la maussaderie de l'enfant ne peuvent manquer de leur côté d'affaiblir l'affection qu'il inspire, et même à la fin de la détruire. C'est ainsi qu'il arrive si souvent que les parents (et particulièrement les pères, qui sont délégués en général à l'application du châtiment) sont vus avec indifférence, sinon avec aversion ; et de là vient aussi que les enfants sont si souvent regardés comme des fléaux. Or, comme il est visible qu'un éloignement de cette nature est fatal à toute bonne éducation morale, il s'ensuit qu'on ne peut être trop attentif à éviter les occasions d'un antagonisme direct des parents et des enfants. Par conséquent, les premiers ont le plus grand intérêt à substituer, à la discipline des châtiments arbitraires, celle des conséquences naturelles, qui prévient l'exaspération et l'éloignement mutuels.

Le système de l'éducation morale par l'expérience des réactions naturelles, qui est le système divinement ordonné à l'égard de la première enfance et de la vie adulte, est donc, nous le voyons, également applicable à la période de la seconde enfance et de la jeunesse. Parmi les avantages qu'offre ce système, nous voyons : d'abord qu'il donne à l'esprit, en matière de conduite, cette notion juste du bien et du mal qui résulte de l'expérience des effets bons ou mauvais ; secondement, que l'enfant, n'éprouvant rien de plus que les conséquences pénibles de ses mauvaises actions, doit reconnaître plus ou moins clairement la justice de la pénalité ; troisièmement, que la justice de la pénalité étant reconnue, et cette pénalité étant appliquée par les mains de la nature et non par celles d'un individu, l'enfant en éprouve moins d'irritation ; tandis que le père, ne faisant que remplir le devoir comparativement passif qui consiste à laisser la peine se produire par les voies naturelles, conserve un calme relatif ; quatrièmement, que l'exaspération mutuelle étant ainsi prévenue, des relations plus douces, plus fécondes en bonnes influences, existent entre les parents et les enfants.

« Mais que doit-on faire, demandera quelqu'un, dans des cas plus graves? Comment pourra-t-on suivre ce plan, quand l'enfant aura commis un petit larcin? quand il aura fait un mensonge? quand il aura battu son petit frère ou sa petite sœur? »

Avant de répondre à ces questions, examinons la portée de quelques faits pris comme exemples.

Un de nos amis qui vivait dans la famille de son beau-frère avait entrepris l'éducation de son neveu et de sa nièce. Il l'avait dirigée, plutôt peut-être par sympathie naturelle que par raisonnement, d'après la méthode que nous avons exposée. Les deux enfants étaient ses élèves dans la maison et ses compagnons hors de la maison. Ils faisaient, tous les jours des promenades et des excursions avec lui pour botaniser, lui cherchaient des plantes avec ardeur, le regardaient pendant qu'il les examinait et les déterminait, et de toutes manières ils jouissaient et profitaient dans sa société. En un mot, au point de vue moral, il était véritablement leur père. En nous racontant les résultats de sa méthode d'éducation, il nous cita entre autres exemples le trait suivant. Un jour, ayant besoin de quelque chose qui se trouvait dans une autre partie de la maison, il dit à son neveu d'aller le lui chercher. L'enfant, qui était en train de jouer, montra, contrairement à son habitude, une grande répugnance à le faire, ou même refusa de le faire, nous ne nous souvenons pas bien. L'oncle, ennemi de tout moyen coercitif, se leva et alla lui-même chercher l'objet, laissant voir seulement, dans son air, le déplaisir que lui causait cette conduite. Et quand, le soir, l'enfant proposa le jeu qu'on avait coutume de faire, l'oncle refusa simplement, et avec la froideur qu'il ressentait naturellement, laissant ainsi se produire la conséquence vraie de ce que l'enfant avait fait. Le lendemain matin, à l'heure de son lever, notre ami entendit à la porte de sa chambre une

voix qu'il n'avait pas coutume d'entendre à cette
heure. C'était son neveu qui lui apportait de l'eau
chaude. Regardant autour de la chambre, l'enfant
cherchait ce qu'il pourrait faire encore, et il s'écria :
« Oh! vous n'avez pas vos bottes! » en se précipi-
tant dans l'escalier pour aller les chercher. De cette
façon et de plusieurs autres, il montra un vrai repentir de sa conduite. Il essayait de compenser son
refus de service par des services inaccoutumés. Ses
bons sentiments avaient véritablement triomphé des
mauvais ; la victoire leur avait donné une nouvelle
force ; et, ayant senti la privation de l'affection de
son oncle, il l'appréciait davantage, après l'avoir re-
gagnée.

Notre ami est aujourd'hui père à son tour. Il suit
le même système et trouve qu'il réussit parfaitement. Il se fait complètement l'ami de ses enfants.
Ceux-ci attendent le soir avec impatience, parce
que c'est l'heure où il sera à la maison ; et, s'ils
jouissent du dimanche, c'est surtout parce que leur
père passe ce jour entier avec eux. Ainsi en possession de toute la confiance et de toute l'affection de
ses enfants, l'expression de son approbation ou de
sa désapprobation lui donne un moyen efficace de
gouvernement. Si, en rentrant chez lui, il apprend
qu'un de ses fils a été méchant, il se conduit envers
lui avec cette froideur que la conduite de l'enfant
lui inspire naturellement ; et cela est toujours un
châtiment suffisant. La simple abstention de caresses
est une source de chagrin et de larmes bien plus
durable que ne le seraient des coups. Et l'on
nous assure que les enfants ont, pendant son absence, la crainte de cet accueil toujours présente à
l'esprit : tellement qu'ils demandent souvent à leur
mère s'ils se sont bien conduits et ce qu'elle dira à
papa au retour. Dernièrement, l'aîné, marmot tur-
bulent de cinq ans, dans une de ces effervescences
de vie qui sont communes chez les enfants bien

portants, commit, en l'absence de sa mère, plusieurs extravagances; il coupa une partie des cheveux de son frère et se blessa avec un rasoir pris dans la toilette de son père. Quand celui-ci apprit cela en rentrant, il n'adressa point la parole à l'enfant de toute la soirée, ni de la matinée du lendemain. Outre le chagrin qui s'ensuivit dans le moment, l'effet de cette manière d'agir fut tel, que, voyant sa mère prête à sortir, quelques jours après, l'enfant la supplia de rester; et il avoua que c'était parce qu'il avait peur de faire encore des sottises en son absence.

Nous avons raconté ces faits avant de répondre à la question : « Que doit-on faire dans des cas plus graves? » afin de montrer d'abord quels sont les rapports qui peuvent et qui doivent exister entre les parents et les enfants; car c'est de l'existence de ces rapports que dépend le succès dans la répression des fautes graves. Nous devons maintenant montrer encore que ces rapports s'établiront par l'adoption du système que nous avons recommandé. Nous avons déjà fait voir que, en laissant simplement éprouver à l'enfant les réactions pénibles de ses mauvaises actions, les parents échapperont à l'antagonisme avec eux et à l'inconvénient d'être regardés comme des ennemis; mais il reste à faire voir que, là où le système a été bien suivi depuis le commencement, un sentiment actif d'affection est né.

Aujourd'hui, les pères et les mères sont, pour la plupart, considérés par leurs enfants comme des *amis-ennemis* (1). Les impressions de l'enfant étant inévitablement déterminées par le traitement qu'il éprouve, et ce traitement étant un mélange continuel de séductions et de menaces, de caresses et de réprimandes, de douceur et de sévérité, il se forme nécessairement dans sa tête un conflit d'idées

______

(1) *Friend-enemies*, dans le texte anglais.

sur le caractère paternel. Une mère croit généralement qu'il suffit de dire à son enfant qu'elle est sa meilleure amie, et, persuadée qu'il doit la croire, elle en conclut qu'il la croit en effet. « C'est pour ton bien, lui dit-elle. Je sais mieux ce qui te convient que toi. Tu n'es pas assez grand pour le comprendre maintenant, mais tu me remercieras plus tard de ce que je fais. » Ces assertions, et d'autres semblables, sont tous les jours réitérées. Pendant ce temps, l'enfant reçoit tous les jours aussi des châtiments positifs; on lui défend à tout moment de faire les choses qu'il voudrait faire : en paroles, son bonheur est le but; en fait, son malheur est le résultat. Ne pouvant comprendre quel est cet avenir dont sa mère parle, ni de quelle manière le traitement qu'il subit peut le conduire au bonheur dans cet avenir, il juge d'après ce qu'il éprouve; et, ce qu'il éprouve n'étant rien moins qu'agréable, il devient sceptique à l'égard de ces professions de tendresse. N'est-il pas insensé de s'attendre à autre chose? L'enfant ne doit-il pas raisonner d'après les faits à sa portée? et ces faits ne semblent-ils pas justifier sa conclusion? La mère raisonnerait de même à sa place. Si, parmi ses amis, il y avait quelqu'un qui contrariât incessamment ses vœux, qui lui adressât d'aigres réprimandes et qui la battît de temps en temps, elle se soucierait peu des protestations de zèle pour son bien, qui accompagneraient ces actes. Pourquoi donc suppose-t-elle qu'il doit en être autrement chez son fils?

Voyez maintenant combien différent sera le résultat si le système que nous soutenons est appliqué avec suite, et si la mère non seulement évite de se faire l'instrument du châtiment, mais joue auprès de son enfant le rôle d'amie, en l'avertissant du danger que la nature lui prépare. Prenons un exemple, et, pour que cet exemple montre la manière dont ce système doit être établi dès l'enfance, choisissons un cas des plus simples. Supposons que, poussé par ce goût des expériences qui est si prononcé chez les enfants, — car ils conforment instinctivement leurs procédés à ceux de la méthode inductive de recherches, — supposons que l'enfant s'amuse à allumer des morceaux de papier à la chandelle et à les regarder brûler. Une mère irréfléchie, comme il y en a tant, croira devoir, pour l'empêcher de faire ce qu'elle appelle « du mal », ou par crainte qu'il ne se brûle, lui ordonner de cesser; et, s'il ne le fait pas, elle lui arrachera le papier des mains. Mais, s'il a le bonheur d'avoir une mère raisonnable, qui comprend que l'intérêt avec lequel l'enfant regarde brûler le papier vient d'une curiosité salutaire et, qui, de plus, a la sagesse de réfléchir aux résultats de son intervention, cette mère raisonnera de la manière suivante : « Si j'arrête l'enfant, je l'empêcherai d'acquérir une connaissance utile. Il est vrai que j'éviterai qu'il ne se brûle; mais à quoi cela servira-t-il ? Il se fera un jour ou l'autre quelque brûlure, et il est nécessaire à sa sécurité dans la vie qu'il apprenne à connaître par expérience les propriétés de la flamme. Si je l'empêche de courir ce risque à présent, il recommencera plus tard, quand il n'y aura personne pour l'en empêcher; tandis que s'il éprouve un accident, maintenant que je suis à ses côtés, je suis sûre au moins qu'il ne se fera pas grand mal. De plus, si je le fais cesser, je le contrarie dans un amusement qui est en soi-même innocent et même instructif, et il en éprouvera plus-ou moins d'irritation contre moi. Comme il ne connaît pas la souffrance que je lui épargnerai, et qu'il ne sentira que le déplaisir d'être privé d'un amusement, il ne peut me regarder autrement que comme une cause de contrariété pour lui. Pour le préserver d'un mal dont il n'a aucune idée et qui, par conséquent, n'existe point pour lui, je le blesse d'une façon qui lui est sensible, en sorte qu'à ses yeux c'est moi qui ai l'air de lui vouloir du mal. Ce que j'ai donc de mieux à faire, c'est de l'avertir simplement du danger et de me tenir prête à en empêcher toute suite sérieuse. » Par conséquent, la mère dira seulement à l'enfant : « Je crains que tu ne te brûles si tu fais cela; » et si, comme il est probable, l'enfant persiste malgré cet avertissement et finit par se brûler les doigts, qu'est-ce qu'il en résulte? D'abord, il a acquis une expérience qu'il est nécessaire qu'il acquière et que, pour sa sûreté, il ne peut acquérir trop tôt. Ensuite, il a vu que la désapprobation ou l'avertissement de sa mère avait véritablement son bien pour objet : il a, une fois de plus, expérimenté sa bonté vigilante; raison de plus pour lui d'avoir confiance en son jugement, en sa tendresse; raison de plus pour l'aimer.

Sans doute, dans les rares occasions où il y a un grave danger, il faut en préserver l'enfant même par force; mais, en dehors de ces cas extrêmes, le système suivi devra être, non de soustraire l'enfant aux petits risques journaliers, mais de le conseiller, de l'avertir; et, de cette manière, on fera naître chez lui un sentiment filial beaucoup plus fort que celui qui existe ordinairement. Si, ici comme ailleurs, on laisse entrer en jeu la loi des réactions naturelles; si, lorsque les enfants se livrent à des expériences ou à des jeux qui entraînent quelque risque, on les laisse persister après les avoir avertis d'une façon plus ou moins pressante, selon que le danger est plus ou moins grand, il ne peut manquer de se former en eux une confiance toujours plus forte dans l'affection et dans la sagesse des parents. Non seulement on évite, comme nous l'avons déjà montré, le sentiment d'aversion que doit faire naître l'usage des châtiments, ou même simplement des réprimandes réitérées; mais on tire de ces incidents journaliers, qui ordinairement causent des scènes pénibles, un moyen d'affermir les bons sentiments mutuels. Au lieu de s'entendre dire en paroles que leurs parents sont leurs meilleurs amis, les enfants le voient par les faits, et, en le voyant, ils acquièrent un degré de confiance et d'affection à leur égard que rien autre ne pourrait leur donner.

Et maintenant, ayant indiqué les relations sympathiques qui naîtront de l'emploi habituel de notre méthode, revenons à la question qui précède : « Comment cette méthode peut-elle être appliquée dans les cas graves ? »

Notons d'abord que ces cas graves doivent se présenter moins graves et moins fréquents sous le régime que nous avons décrit que sous le régime ordinaire, la mauvaise conduite des enfants étant souvent la conséquence de l'irritation chronique dans laquelle on les tient par un mauvais gouvernement. L'état d'isolement moral et d'antagonisme que produisent les châtiments répétés émousse nécessairement la sympathie, nécessairement aussi ouvre la route à ces transgressions que la sympathie arrête. Les mauvais traitements que les enfants d'une même famille se font souffrir les uns aux autres sont, dans une grande mesure, le reflet des mauvais traitements que leur font souffrir les adultes ; ils sont en partie l'effet de l'imitation, en partie celui du mauvais caractère et de la tendance à rendre aux autres la pareille de ce qu'on nous fait ; ce sont les représailles des coups et des gronderies reçus. On ne peut mettre en doute que l'activité du cœur, et l'heureux état d'esprit entretenus chez les enfants par la discipline que nous avons indiquée, ne doivent les empêcher de se laisser aller aussi fréquemment et aussi facilement à des actes de brutalité et de colère. Les fautes plus répréhensibles, telles que les mensonges et les petits larcins, seront diminuées par les mêmes causes. L'éloignement de cœur des membres d'une même famille

est une cause féconde de transgressions de ce genre.
C'est une loi de nature, visible pour tout observateur, que ceux qui sont privés des grandes jouissances de la vie cherchent à se dédommager par
des jouissances inférieures; ceux qui n'ont point les
douceurs de la sympathie recherchent les douceurs
de l'égoïsme; et, par une conséquence contraire,
d'heureuses relations entre les parents et les enfants
sont faites pour diminuer le nombre des fautes qui
ont l'égoïsme pour source.

Quand, malgré cela, de pareilles fautes sont
commises, ce qui arrivera quelquefois sous le meilleur régime, on peut recourir encore une fois à la
discipline des conséquences; et, s'il existe ce lien de
confiance et d'affection dont nous avons parlé, cette
discipline sera efficace. Car quelles sont les conséquences d'un vol, par exemple? Elles sont de deux
sortes : directes et indirectes. La conséquence directe, dictée par la pure équité, c'est la restitution.
Un législateur juste (et tout parent doit tâcher d'en
être un) demandera qu'autant que possible une
action mauvaise soit réparée par une bonne action,
et, en cas de vol, la réparation implique la restitution de l'objet volé, ou, s'il a disparu, le paie-
ment de sa valeur : avec un enfant, cela peut avoir
lieu sur son argent de poche. La conséquence indirecte, et plus sérieuse, est le mécontentement profond des parents, — conséquence inévitable chez
tous les peuples assez civilisés pour regarder le vol
comme un crime. « Mais, dira-t-on, le mécontentement paternel se manifeste toujours en pareil cas;
il n'y a rien de nouveau dans votre méthode. » Cela
est très vrai. Nous avons déjà dit qu'à quelques
égards notre méthode est spontanément suivie.
Nous avons déjà montré qu'il y a dans tous les
systèmes d'éducation une tendance à graviter vers
le vrai système. Et ici nous pouvons remarquer,
comme plus haut, que, par une heureuse disposition

des choses, la réaction naturelle se proportionnera, dans ses manifestations, aux besoins du milieu : le mécontentement paternel s'exprimera par des actes de violence dans les temps de barbarie relative, où l'enfant est, lui aussi, comparativement barbare ; il se manifestera d'une façon moins cruelle dans un état social plus avancé, où, par suite, les enfants sont faits pour des traitements plus doux. Mais ce que nous devons surtout observer ici, c'est que la manifestation du grand déplaisir paternel ne sera puissante pour le bien que dans la mesure de l'attachement qu'aura l'enfant pour ses parents. L'efficacité de la discipline des conséquences naturelles sera exactement proportionnée à la rigueur avec laquelle on s'en sera tenu à cette discipline dans les autres cas. La preuve est à la portée de tous, si l'on veut la voir.

Car chacun ne sait-il pas que, lorsqu'il a offensé une personne, le regret qu'il éprouve (nous laissons naturellement de côté les considérations mondaines, qui ne sont pas de notre sujet) varie avec le degré de la sympathie qu'il a pour cette personne? Ne sent-il pas que, lorsqu'il s'agit d'un ennemi, la pensée de l'avoir offensé lui cause plutôt une secrète satisfaction que du chagrin? Ne se souvient-il pas que, lorsqu'une personne qui lui est tout à fait étrangère a pris de l'ombrage de quelque chose, il s'en est soucié bien moins que si c'eût été un ami? Au contraire, le déplaisir d'une personne aimée et admirée n'a-t-il pas été regardé par lui comme un sérieux malheur, comme une source de longs et amers regrets? Eh bien, l'effet du mécontentement paternel doit varier de même avec le degré d'affection préexistante. Là où il y a indifférence, le sentiment de l'enfant coupable n'est qu'une crainte purement égoïste des châtiments corporels ou des privations qui lui seront infligés; et, après qu'ils l'ont été, l'antagonisme et l'irritation augmentent l'indifférence. Au contraire, là où il existe une forte affection filiale, produite par l'habitude de l'amitié des parents, l'état d'esprit dans lequel le mécontentement du père met l'enfant non seulement sert à prévenir des fautes de même nature à l'avenir, mais est en lui-même salutaire. La peine morale d'avoir perdu pour un temps un ami si cher tient lieu de la peine corporelle et n'est pas moins efficace, si elle ne l'est davantage. Au lieu de la crainte et du ressentiment ordinairement éprouvés, l'enfant sympathise avec le chagrin de son père, regrette de l'avoir causé et désire pouvoir, par un acte de réparation, rétablir avec lui des relations d'amitié. Au lieu de mettre en jeu ces sentiments égoïstes dont la prédominance est la source du crime, on met en jeu les sentiments altruistes (1) qui préviennent les actes criminels. Ainsi, la discipline des conséquences naturelles est aussi bien applicable aux grandes fautes qu'aux petites, et sa pratique non seulement amène la répression de ces fautes, mais les prévient et les évite.

En somme, la vérité est que la sauvagerie engendre la sauvagerie, et la douceur, la douceur. Les enfants qui sont traités sans bonté ne deviennent pas bons. Les traiter avec sympathie, c'est développer chez eux des sentiments de même nature. Dans le gouvernement domestique, de même que dans le gouvernement politique, le despotisme fait naître une grande partie des crimes qu'il a plus tard à punir; tandis qu'une direction douce et libérale évite les causes de discussions et, en améliorant ainsi les sentiments habituels, diminue la tendance aux transgressions de la loi. Comme John

(1) C'est Auguste Comte qui a introduit dans le langage philosophique, en l'opposant à l'*égoïsme*, le terme d'*altruisme*, pour désigner le sentiment qui nous porte à nous intéresser à nos semblables, à aimer autrui.

Locke (1) l'a dit il y a longtemps, « en matière d'éducation, les châtiments sévères font peu de bien et peuvent faire beaucoup de mal ; et je crois que, toutes choses égales d'ailleurs, les enfants qui ont été le plus châtiés ne font pas les meilleurs hommes. » En confirmation de cette manière de voir, nous pouvons citer ce fait, rendu dernièrement public par M. Rogers, chapelain de la prison de Pentonville, que les jeunes criminels qui ont subi la peine du fouet sont ceux qui retournent le plus ordinairement en prison. Au contraire, les bons effets d'un traitement plus doux se montrent dans cet autre fait que nous rapportait une dame chez laquelle nous demeurions à Paris. Comme elle s'excusait du dérangement que nous causait un enfant, aussi ingouvernable à la maison qu'il l'était à l'école, elle ajouta qu'elle ne voyait d'autre remède à son caractère que celui qui avait réussi pour son frère aîné, et que c'était de l'envoyer dans une maison d'éducation en Angleterre. Cet enfant s'était montré intraitable dans toutes les institutions de Paris. Ne sachant plus qu'en faire, on l'avait envoyé en Angleterre ; et, au bout de quelques années, il en était revenu aussi bon qu'il avait été mauvais. La mère attribuait entièrement ce changement remarquable à la douceur comparative de la discipline anglaise.

Après l'exposition de principes qui précède, l'espace qui nous reste ne peut être mieux rempli qu'en donnant quelques-unes des maximes et des règles qui découlent de ces principes.

(1) Le philosophe anglais Locke (1632-1704) a écrit sous le titre de *Pensées sur l'éducation des enfants* (1693) un remarquable traité d'éducation, traduit plusieurs fois en français, et où l'on trouve déjà la plupart des idées que Rousseau popularisa plus tard dans son *Émile*.

N'attendez pas d'un enfant un haut degré d'excellence morale. Pendant ses premières années, tout homme traverse les phases de caractère qu'a traversées la race barbare dont il est descendu. De même que les traits d'un enfant — le nez plat, les narines relevées, les lèvres grosses, les yeux écartés, l'absence du sinus frontal, etc., — sont, pendant un temps, ceux du sauvage, de même ses instincts sont ceux du sauvage aussi. De là la tendance à la cruauté, au vol, au mensonge, si générale chez les enfants : tendance qui, même sans le secours de l'éducation, se modifierait plus ou moins en même temps que les traits du visage. L'idée populaire que les enfants sont « innocents », vraie si on l'entend de la *connaissance* du mal, est complètement fausse à l'égard des mauvaises impulsions. C'est ce que prouvera une demi-heure d'observation dans une chambre d'enfants, à quiconque voudra seulement ouvrir les yeux. Les petits garçons livrés à eux-mêmes dans les écoles se traitent entre eux plus brutalement que ne le font les hommes ; et, si on les livrait à eux-mêmes dans un âge plus tendre, cette brutalité serait encore plus marquée.

Non seulement il n'est pas sage d'attendre beaucoup de la part des enfants en fait de moralité, mais il n'est pas sage de leur demander beaucoup. Aujourd'hui, la plupart des personnes reconnaissent les mauvais résultats de la précocité intellectuelle ; mais il reste à reconnaître que la précocité morale a aussi des résultats funestes. Nos facultés morales supérieures, de même que nos facultés intellectuelles supérieures, sont comparativement complexes. Par conséquent, elles sont les unes et les autres tardives dans leur évolution. Pour les unes comme pour les autres, la culture hâtive n'a lieu qu'aux dépens du développement futur. De là cette anomalie assez commune : des enfants qui ont été des modèles dans le premier âge subissent, à mesure qu'ils grandissent, un changement en apparence inexplicable, et finissent par tomber au-dessous de la moyenne intellectuelle et morale, tandis que des hommes d'une moralité relativement élevée se forment souvent après une enfance qui ne semblait rien promettre de satisfaisant.

Contentez-vous donc de mesures modérées et de résultats modérés. Rappelez-vous qu'une moralité supérieure, de même qu'une intelligence supérieure, doit être le fruit d'un long développement, et vous prendrez alors en patience les imperfections que montre à chaque instant votre enfant. Vous serez moins porté à ces réprimandes, à ces menaces, à ces prohibitions continuelles, par lesquelles les parents produisent un état chronique d'irritation domestique, dans le fol espoir de rendre ainsi leurs enfants ce qu'ils devraient être.

Cette forme libérale de gouvernement paternel, qui consiste à ne pas vouloir régler despotiquement tous les détails de la conduite d'un enfant, résulte nécessairement du système que nous préconisons. Contentez-vous de veiller à ce que votre enfant subisse toujours les conséquences naturelles de ses actions, et vous éviterez de tomber dans cet abus de domination qui fait errer tant de parents. Laissez-le, toutes les fois que vous le pouvez, à la discipline de l'expérience, et vous le préserverez soit de cette vertu de serre-chaude que la domination exagérée fait naître chez les natures dociles, soit de cet esprit d'antagonisme démoralisant qui se produit chez les natures indépendantes.

En tendant en toutes circonstances à laisser un libre cours aux réactions naturelles des actions de votre enfant, vous modérerez d'une façon heureuse votre propre caractère. La méthode d'éducation morale suivie par beaucoup de parents — nous craignons de devoir dire par la plupart des parents — consiste tout simplement à laisser éclater leur co-

lère, en la première façon qui se présente. Les coups,
les rudoiements, les paroles aigres par lesquels la
mère punit les fautes légères de son enfant (fautes
qui souvent n'en sont pas en réalité) ne sont que la
manifestation de ses sentiments mal dominés et proviennent beaucoup plus des impulsions qu'elle en
reçoit que du désir d'être utile à l'enfant. Mais, si
vous vous arrêtez, chaque fois qu'une faute est commise, à considérer quelle en sera la conséquence
normale, et comment cette conséquence peut être
rendue plus sensible au transgresseur, vous aurez
gagné un peu de temps, ce qui servira à vous rendre maître de vous-même ; votre premier mouvement de colère aveugle se transformera en un sentiment moins violent et moins apte à vous entraîner
hors de la voie.

Ne cherchez pas, cependant, à vous conduire en
instrument impassible. Souvenez-vous que, outre
ces réactions naturelles des actions de votre enfant
que lui fera sentir la marche des choses, votre
approbation et votre désapprobation sont aussi une
réaction naturelle et un des moyens qui doivent
contribuer à le guider. L'erreur que nous combat-
tons est celle qui consiste à substituer le déplaisir
paternel et ses pénalités artificielles aux pénalités
qui sont d'institution naturelle. Mais, s'il ne faut
point les substituer aux pénalités naturelles, il ne
s'ensuit pas qu'elles ne doivent point les accompa-
gner. Quoique le châtiment d'ordre *secondaire*, celui
qu'infligent les parents, ne doive pas usurper la
place du châtiment d'ordre *principal*, il peut, sous
une forme modérée, lui servir de supplément. Le
chagrin ou l'indignation que vous ressentez doit
être manifesté par vos paroles ou vos actes, sous
la réserve, bien entendu, du contrôle que doit exercer votre réflexion. La nature et la force du sentiment que vous éprouvez dépendent nécessairement
de votre caractère, et il est par conséquent inutile

de dire que vous devez sentir de cette façon ou de cette autre. Néanmoins, vous devez tâcher de modifier vos sentiments de façon à les amener autant que possible à être ce que vous jugerez vous-même qu'ils devraient être. Gardez-vous, cependant, des deux extrêmes, non seulement à l'égard de l'intensité de votre mécontentement, mais encore à l'égard de sa durée. Evitez, d'une part, cette faiblesse si commune chez les mères, qui gronde et pardonne presque dans la même minute ; d'autre part, ne continuez pas sans nécessité à montrer de la froideur pendant trop longtemps, de peur que votre enfant ne s'accoutume à se passer de votre affection et que vous ne perdiez ainsi votre influence sur lui. Les réactions morales que produisent en vous les actes de votre enfant doivent être autant que possible semblables à celles qu'éprouverait un père dont le caractère serait parfait.

Ne multipliez pas les ordres ; n'ordonnez que dlors que les autres moyens sont inapplicables ou ont manqué leur effet. « Quand on donne beaucoup d'ordres, dit Jean-Paul (1), c'est plutôt pour l'avantage des parents que pour celui des enfants. » De même que, dans les sociétés primitives, la violation des lois est punie moins parce qu'elle est coupable en elle-même que parce qu'elle implique le mépris de l'autorité du roi, — une rébellion contre lui, — de même, dans beaucoup de familles, le châtiment infligé au transgresseur est déterminé non par la réprobation qui s'attache à la faute, mais par la colère que fait naître la désobéissance. Ecoutez comme parlent les parents et les maîtres : « Comment *osez-vous* me désobéir ! — Je vous *forcerai* bien à le faire, monsieur ! — Je vous apprendrai qui est *le maître !* » Considérez ce qu'indiquent ce langage et le ton qui l'accompagne. Ils annoncent

(1) Sur Jean-Paul, voir la note de la page 117.

beaucoup plus la volonté de régner que le désir de procurer le bien de l'enfant. L'état d'esprit du père ou du maître qui parle ainsi diffère peu de celui d'un despote décidé à punir un sujet récalcitrant. Et pourtant un père raisonnable, comme un législateur philanthrope, sera heureux non d'user de coercition, mais de voir la coercition inutile. Il se passera de loi impérative, lorsqu'il pourra réussir par d'autres moyens de direction; et ce n'est qu'avec regret qu'il aura recours à un commandement formel, quand l'emploi lui en paraîtra indispensable. Comme le remarque Jean-Paul : « Le meilleur système en politique est, dit-on, de *ne pas trop gouverner* (1); cela est vrai aussi en éducation. » Et, conformément à cette maxime, un père que le sentiment du devoir bien compris empêchera de se laisser aller au goût de la domination tyrannique, s'appliquera à faire que ses enfants se gouvernent autant que possible eux-mêmes, et n'aura recours à l'absolutisme qu'en dernier ressort.

Mais, toutes les fois que vous sentez la nécessité de commander, commandez avec décision et avec suite. Si le cas est un de ceux où l'emploi de l'autorité est indispensable, prononcez votre arrêt, et ne vous en départez plus. Réfléchissez bien à ce que vous allez faire; pesez toutes les conséquences; demandez-vous si vous aurez assez de fermeté pour aller jusqu'au bout; et ensuite, quand vous aurez donné un ordre, faites-vous obéir à tout prix. Que votre sanction pénale soit semblable à celle qu'inflige la nature inanimée, c'est-à-dire inévitable. La braise chaude brûle l'enfant qui la touche une première fois; elle le brûle la seconde fois; elle le brûle la troisième fois; elle le brûle toutes les fois, et l'enfant apprend à ne pas toucher à la braise chaude. Si vous avez autant de

(1) Les mots *ne pas trop gouverner* sont en français dans le texte original.

suite, si tous les actes chez vous ont la même uniformité, l'enfant respectera bientôt vos lois, à l'égal de celles de la nature. Et ce respect, une fois établi, préviendra des maux domestiques sans fin. De toutes les fautes qu'on peut commettre dans l'éducation, la pire est l'inconséquence; de même que, dans une société, les crimes se multiplient quand il n'y a point de justice certaine, de même, dans la famille, un nombre immense de transgressions résulte d'une application hésitante ou irrégulière des châtiments. Une mère faible qui menace sans cesse et qui agit rarement, qui fait des lois précipitamment et qui s'en repent ensuite, qui montre pour la même faute tantôt de la douceur et tantôt de la sévérité, selon son humeur passagère, prépare mille peines à elle-même et à son enfant. Elle se rend méprisable à ses yeux ; elle lui donne l'exemple de ne savoir pas se dominer ; elle l'enhardit à transgresser ses ordres, par la perspective de l'impunité probable, elle fait naître mille conflits, au détriment de son caractère et du caractère de l'enfant; elle réduit l'esprit de celui-ci à n'être plus qu'un chaos moral, dans lequel de longues années d'amère expérience ramèneront difficilement l'ordre. Mieux vaudrait une forme barbare de gouvernement appliquée avec suite, qu'une forme plus humaine appliquée avec tant d'indécision et de légèreté. Nous le répétons : évitez les mesures coercitives toutes les fois que vous pourrez les éviter ; mais, quand vous trouverez que le despotisme est réellement nécessaire, soyez despote sérieusement.

Souvenez-vous que le but de l'éducation morale est de former un être apte à se *gouverner lui-même*, non un être apte à *être gouverné par les autres*. Si votre enfant était destiné à vivre esclave, vous ne pourriez trop l'habituer à l'esclavage dans son enfance ; mais puisqu'il sera tout à l'heure un homme libre, qui n'aura plus personne auprès de lui pour

diriger sa conduite journalière, vous ne pouvez trop
l'accoutumer à se diriger lui-même, pendant qu'il
est encore sous vos yeux. C'est là ce qui rend le
système de la discipline par les conséquences naturelles tout particulièrement approprié à l'état social
auquel nous sommes parvenus en Angleterre. Dans
les temps féodaux, quand un des plus grands maux
que le citoyen eût à craindre était la colère de ses
supérieurs, il convenait que, pendant l'enfance, la
vindicte paternelle fût le principal moyen de gouvernement. Mais, aujourd'hui que le citoyen n'a rien
à craindre de personne, aujourd'hui que le bien et
le mal qui lui arrivent sont uniquement ceux qui
résultent de sa conduite en vertu de la nature des
choses, il doit commencer à apprendre par expérience, dès ses plus jeunes années, les bonnes ou
les mauvaises conséquences qui suivent naturellement tel ou tel acte. Tâchez donc que le gouvernement paternel se retire aussitôt que possible devant
ce gouvernement de soi-même qui naît de la prévi-
sion des résultats. Pendant la première enfance, il
faut une forte somme d'absolutisme. Un enfant de
trois ans jouant avec un rasoir ouvert ne peut pas
être livré à la discipline des conséquences, car les
conséquences seraient ici trop sérieuses. Mais, à mesure que l'intelligence augmente, le nombre des interventions péremptoires peut être et doit être diminué,
pour que ces interventions cessent peu à peu lorsque le jeune homme approche de la maturité. Toute
transition est dangereuse; et la plus dangereuse de
toutes est le brusque passage de la contrainte de la
maison paternelle à la liberté du monde. De là l'importance de suivre la politique que nous préconisons,
laquelle, en habituant un jeune homme à la domination de soi-même, en augmentant par degrés les
occasions où il doit exercer cette domination, en
l'amenant pas à pas à l'exercer sans aide, efface la
transition, ordinairement brusque et dangereuse, de

l'adolescence, où le gouvernement de l'homme vient du dehors, à l'âge adulte, où il vient du dedans. Que l'histoire de votre législation domestique soit, en petit, l'histoire de notre législation politique : au début, l'autorité despotique, quand cette autorité est réellement nécessaire ; bientôt après, un constitutionnalisme naissant, dans lequel la liberté du sujet est, sur quelques points, reconnue ; ensuite, des extensions successives de la liberté du sujet, pour finir par l'abdication du maître.

Ne regrettez pas que votre enfant soit volontaire. C'est la contre-partie de cette tendance des parents à diminuer la coercition, qui est si visible dans l'éducation moderne. La disposition à affirmer la liberté d'un côté correspond à la disposition à cesser la tyrannie de l'autre. L'une et l'autre indiquent qu'on se rapproche du système de discipline que nous soutenons, système par lequel les enfants seront de plus en plus conduits à se diriger eux-mêmes, d'après l'expérience des conséquences naturelles de leurs actes : l'une et l'autre sont le produit de notre état social plus avancé. L'indépendant enfant anglais d'aujourd'hui est le père de l'Anglais indépendant de demain ; et vous ne pouvez pas avoir l'un sans avoir l'autre. Les maîtres de pension allemands disent qu'ils aiment mieux avoir à gouverner douze écoliers allemands qu'un écolier anglais. Souhaiterons-nous donc que nos garçons aient la docilité des jeunes garçons allemands, et qu'ils soient plus tard politiquement asservis, comme les Allemands le sont ? Ne tolérerons-nous pas plutôt chez eux ces sentiments qui font les hommes libres, et ne mettrons-nous pas nos méthodes d'éducation d'accord avec eux ?

Enfin, souvenez-vous toujours que bien élever un enfant n'est pas une chose facile et simple, mais est au contraire une œuvre difficile et complexe ; c'est la plus rude tâche de la vie adulte. Sans doute le gouvernement domestique, dans sa forme grossière et rude, est à la portée des intelligences les moins cultivées ; les coups et les gros mots sont des moyens qui s'offrent au barbare le plus primitif et au plus stupide paysan. Les animaux eux-mêmes peuvent appliquer cette méthode de discipline, ainsi qu'on le voit par les grognements et les coups de dents au moyen desquels une chienne réprime ses petits trop exigeants. Mais, si vous voulez appliquer avec succès un système rationnel et civilisé, il faut vous attendre à une grande dépense de travail intellectuel ; il faut de l'étude, de l'intelligence, de la patience, de l'empire sur soi-même. Vous devrez vous demander continuellement quels sont les résultats qui, dans la vie adulte, accompagnent certains actes, et vous devrez chercher les moyens de faire produire aux actes de votre enfant des résultats semblables. Il vous faudra journellement analyser les motifs de la conduite de l'enfant, distinguer entre les actions vraiment bonnes et celles qui semblent l'être, mais qui ont pour mobiles des sentiments d'ordre inférieur ; tandis que vous devrez être sans cesse sur vos gardes contre la méprise cruelle et si fréquente que l'on fait à l'égard des enfants, en prenant pour mauvaises des actions indifférentes, et en leur attribuant des sentiments plus mauvais que ceux qu'ils éprouvent. Vous aurez à modifier plus ou moins votre méthode, afin de la mettre en rapport avec les dispositions particulières de chaque enfant, et à la modifier encore, à mesure que ces dispositions entrent dans des phases nouvelles. Il vous faudra une conviction ferme pour persister dans une ligne de conduite qui semblera ne produire que peu ou point d'effets. Surtout, si vous avez affaire à des enfants qui auront été antérieurement maltraités, vous devrez compter sur une longue épreuve de patience, avant d'arriver aux résultats d'une meilleure méthode, puisqu'il est naturel qu'une chose

déjà difficile quand on a cultivé le sentiment juste
dès l'enfance, devienne doublement difficile quand
on a fait naître une fausse manière de sentir. Non
seulement vous devrez analyser les motifs d'action
de votre enfant, mais aussi vos motifs à vous-
mêmes : distinguer entre les suggestions qui éma-
nent de la vraie sollicitude paternelle et celles qui
naissent de votre égoïsme, de votre besoin de repos,
de votre goût de domination ; et ensuite, ce qui est
plus pénible, après avoir découvert la vraie nature
de vos impulsions, vous devrez vaincre ces impulsions, lorsqu'elles seront reconnues mauvaises.
Bref, vous devrez refaire votre propre éducation, en
même temps que vous ferez celle de votre enfant.
Au point de vue intellectuel, vous avez à étudier,
pour parvenir au bien, ce sujet, le plus complexe
de tous : la nature humaine et ses lois, telles qu'elles
se montrent chez votre enfant, chez vous-même et
dans le monde. Au point de vue moral, vous devez
faire un constant appel à vos sentiments les plus
nobles et refréner vos sentiments moins élevés. C'est
une vérité trop peu reconnue encore, que la phase
supérieure du développement mental chez l'homme
et chez la femme ne peut être atteinte que par l'accomplissement convenable des devoirs paternels.
Et, quand on aura reconnu cette vérité, on verra
combien est admirable cet arrangement des choses
qui conduit l'être humain, par le moyen de ses affections les plus fortes, à se soumettre à une discipline que, sans cela, il éluderait.

Tandis que quelques-uns accueilleront cette conception de l'éducation avec doute et découragement,
nous croyons que d'autres verront dans l'élévation
même de l'idéal qu'elle renferme la preuve de sa
vérité. Qu'elle ne puisse être réalisée par des gens
esclaves de leurs caprices, peu aimants, peu clairvoyants ; qu'elle exige la mise en œuvre des plus
hautes facultés de la nature humaine pour sa réa-

lisation, cela témoignera à leurs yeux qu'elle est en effet appropriée à l'état le plus avancé du développement humain. Quoiqu'elle réclame dans l'application beaucoup de travail et de dévouement, ils verront qu'elle promet une moisson abondante de bonheur immédiat et de bonheur à venir. Ils verront que, tandis qu'un faux système d'éducation est un double fléau pour le père et pour l'enfant, un bon système est un double bienfait pour celui qui donne l'éducation et pour celui qui la reçoit.

CHAPITRE IV

DE L'ÉDUCATION PHYSIQUE

tient aux dépens du développement physique (p. 210).
Un cerveau soumis trop vite à un travail excessif ne
peut se développer d'une manière normale (p. 213).
Influence du travail cérébral sur les fonctions organiques (p. 214).
Le système d'éducation qui développe l'intelligence
aux dépens de la vigueur physique doit donc être
condamné (p. 216), surtout à l'égard des jeunes
filles (p. 219). La conservation de la santé est un devoir moral, et une égale sollicitude doit être apportée
au développement du corps et à celui de l'esprit
(p. 223).

A la table du *squire* (1), après que les dames se sont
retirées, aussi bien qu'à l'auberge un jour de foire,
et au cabaret du village le dimanche, le sujet qui,
après la question politique du jour, excite le plus
l'intérêt général, c'est l'élevage des animaux. Au retour d'une partie de chasse, la manière d'amélio-
rer la race chevaline, et les croisements, et les com-
mentaires sur les courses, défraient ordinairement la
conversation des gentilshommes qui regagnent à cheval leur résidence ; une journée de chasse à tir dans
les marais ne s'achève pas sans qu'on ait traité de
l'art de dresser les chiens. Deux fermiers qui revien-
nent à travers champs de l'office du dimanche passent volontiers des remarques sur le sermon aux
remarques sur le temps, les récoltes et les bestiaux,
et de là la discussion glisse aux différentes espèces
de fourrages et à leurs qualités nutritives. Hodge et
Gilles, au cabaret, par leurs observations comparées
sur leurs porcheries respectives, montrent qu'ils ont
donné leur attention aux pourceaux de leurs maîtres et qu'ils savent les effets produits sur eux par
tel ou tel procédé d'engraissement. Ce n'est pas
seulement chez les populations rurales que le règle-
ment du chenil, de l'écurie, de l'étable et de la berge-

(1) *Squire*, gentilhomme campagnard.

rie est un sujet favori. Dans les villes aussi, les nombreux artisans qui ont des chiens, les jeunes gens assez riches pour se permettre les plaisirs de la chasse, et leurs pères, plus sédentaires, qui parlent des progrès de l'agriculture, qui lisent les rapports annuels de M. Mechi et les lettres au *Times* de M. Caird, formeraient, si l'on voulait les compter, un total considérable. Passez en revue la population masculine du royaume, et vous trouverez que la grande majorité s'intéresse aux questions de croisements, d'élevage, d'éducation des animaux d'une espèce ou d'une autre.

Mais qui, dans les conversations d'après-dîner, ou dans des causeries de même nature, a jamais entendu dire un mot de l'*élevage* des enfants? Quand le gentilhomme campagnard a fait sa visite quotidienne aux écuries et inspecté lui-même le régime qu'on fait suivre à ses chevaux, quand il a donné un coup d'œil à ses bestiaux et fait ses recommandations à leur sujet, combien de fois arrive-t-il qu'il monte dans la chambre des enfants, qu'il examine les aliments qu'on leur donne, se fasse rendre compte de leurs heures de repas, et veille à ce que l'aération de la *nursery* soit suffisante? Dans sa bibliothèque se trouvent *Le maréchal ferrant* de White, le *Livre de la ferme* de Stephens, le *Traité de la chasse* de « Nemrod », et généralement il a lu ces ouvrages; mais quels sont les livres qu'il a lus sur l'art d'élever les nourrissons et les enfants plus âgés? Les propriétés qu'a, pour l'engraissement des bestiaux, le pain de navette et de colza, la valeur nutritive du foin et de la paille hachée, le danger de l'abus du trèfle, sont des points sur lesquels est instruit tout propriétaire, tout fermier, tout paysan. Mais quel est celui d'entre eux qui s'est demandé si la nourriture qu'il donne à ses enfants est appropriée aux besoins de la nature chez les filles et les garçons qui grandissent ? On dira peut-être, pour

expliquer cette anomalie, qu'en s'occupant des animaux ces hommes ne font que s'occuper de leurs
affaires et de leurs intérêts. Cette explication n'est
pas suffisante, car il en est de même dans les autres
classes de la société. Parmi les habitants des villes,
il y en a fort peu qui ignorent qu'il ne convient
point de faire travailler un cheval aussitôt après
qu'il a mangé; et cependant il s'en trouverait à
peine un parmi eux, en supposant qu'ils fussent
tous pères, qui se demandât si le temps qu'on
laisse entre les repas de ses enfants et leurs heures
de leçons est suffisant! Si vous allez au fond des
choses, vous verrez que presque toujours un homme
regarde le régime suivi dans la *nursery* comme une
affaire qui doit lui rester étrangère. « Oh! je laisse
tout cela aux femmes! » vous répondra-t-il probablement; et, presque toujours aussi, le ton sur lequel
il prononcera ces paroles indiquera assez qu'il regarde de pareils soins comme incompatibles avec
la dignité de son sexe.

De quelque point de vue qu'on envisage la chose,
n'est-il pas étrange que, pendant que l'élevage de
taureaux de choix est une affaire à laquelle des
hommes d'éducation consacrent beaucoup de temps
et de réflexion, le soin d'élever de beaux hommes
en soit une qu'ils aient tacitement déclarée indigne
de leur attention? Des mamans qui n'ont guère
appris que les langues, la musique et divers arts
d'agrément, secondées par des nourrices remplies
de vieux préjugés, sont tenues pour des juges
compétents de l'alimentation, du vêtement, du degré
d'exercice qui convient aux enfants. Pendant ce
temps-là, les pères lisent des livres et des articles
de journaux, se réunissent en comités, font des expériences, et engagent des discussions, afin de
découvrir les meilleurs moyens d'engraisser des
porcs primés! Nous voyons qu'on prend des peines
infinies pour produire un cheval de course qui ga-

gnera le *Derby*, aucune pour produire un athlète moderne. Si Gulliver eût raconté que les habitants de Laputa (1) rivalisaient entre eux pour élever le mieux possible les petits des autres créatures, et ne se souciaient point du tout de savoir comment il fallait élever les leurs, cette absurdité eût semblé égale à toutes les autres folies qu'il leur impute.

La question est sérieuse pourtant. Si risible que soit le contraste, le fait qu'il implique n'en est pas moins désastreux. Ainsi que l'a dit un spirituel écrivain, la première condition du succès dans ce monde, c'est d'« *être un bon animal* » (2), et la première condition de la prospérité nationale, c'est que la nation soit formée de « *bons animaux* ». Non seulement il arrive souvent que l'issue d'une guerre dépend de la force et de la hardiesse des soldats, mais, dans les luttes industrielles aussi, la victoire est attachée à la vigueur physique des producteurs. Jusqu'ici, nous n'avons nulle raison de redouter l'infériorité à cet égard sur ces divers champs de bataille. Mais il y a des raisons de prévoir que bientôt nous serons mis à de plus rudes épreuves. La lutte pour l'existence est si vive dans les temps modernes, que peu nombreux sont les hommes qui peuvent en supporter les exigences sans faiblir. Déjà des milliers d'entre eux succombent sous la trop haute pression qu'ils subissent. Si cette pression continue à augmenter, comme il est probable, elle éprouvera rudement les meilleures constitutions elles-mêmes. Il devient donc d'une importance particulière d'élever les enfants de façon non seulement qu'ils soient aptes à soutenir la lutte intellectuelle qui les attend, mais

(1) On sait que, dans le roman satirique de Swift, Gulliver, après avoir visité les nains de Lilliput et les géants de Brobdingnag, arrive dans l'île imaginaire de Laputa, dont les habitants, grands faiseurs de systèmes, se livrent à toutes sortes d'extravagances divertissantes.

(2) Voir la note de la page 58.

aussi qu'ils puissent supporter physiquement l'excessive fatigue à laquelle ils seront soumis.

Heureusement, on commence à y songer. Les écrits de M. Kingsley (1) indiquent une réaction contre l'excès et la précocité de la culture intellectuelle; et même, comme toutes les réactions, celle-ci est peut être poussée trop loin. De temps en temps, une lettre ou un article inséré dans les journaux témoigne d'un intérêt nouveau pour l'éducation physique. Et la naissance d'une école, à laquelle on a donné le sobriquet significatif de « christianisme musculaire », montre que l'opinion commence à se répandre que, dans notre manière ordinaire d'élever les enfants, nous n'avons pas assez égard à leur bien-être physique. Le sujet est évidemment mûr pour la discussion.

Mettre le régime de la *nursery* et de l'école d'accord avec les vérités de la science moderne, voilà le but à atteindre. Il est temps que les bienfaits apportés à nos moutons et à nos bœufs par les découvertes faites dans les laboratoires soient partagés par nos enfants. Sans vouloir mettre en doute la grande importance de l'élevage perfectionné des chevaux et des cochons, nous pensons que, comme l'élevage de beaux hommes et de belles femmes ne laisse pas d'avoir aussi quelque importance, les conclusions données par la théorie et confirmées par la pratique doivent servir de guide dans le second cas aussi bien que dans le premier. Bien des gens seront étonnés, peut-être même offensés, de ce rapprochement d'idées. Mais c'est un fait indiscutable, et qu'il faut accepter, que l'homme est soumis aux mêmes

(1) Le Rev. Charles Kingsley, mort il y a quelques années, est l'auteur d'un certain nombre de romans (*Alton Locke, Yeast, Westward Ho!* etc.) dont les héros se distinguaient à la fois par leur vigueur physique et par leur piété. De là le nom de « christianisme musculaire » (*muscular christianity*) donné à l'école qui se forma sous l'influence des écrits de M. Kingsley.

lois organiques que les animaux inférieurs. Aucun anatomiste, aucun physiologiste, aucun chimiste, n'hésitera à affirmer que les principes généraux, reconnus vrais dans les fonctions vitales des animaux, le sont également dans celles de l'homme. La franche admission de ce fait porte avec elle sa récompense, à savoir : que les généralisations sorties des expériences et des observations faites sur les animaux deviennent utiles à l'homme. Si rudimentaire que soit jusqu'à présent la science de la vie, elle a déjà établi quelques principes fondamentaux qui président au développement de tout organisme, y compris l'organisme humain. Ce qui reste maintenant à faire, et ce que nous allons essayer de faire en quelque mesure, c'est de rechercher quelle doit être l'influence de ces principes sur l'éducation de l'enfance et de la jeunesse.

La tendance à l'alternance, visible dans tous les phénomènes de la vie sociale, — cette tendance en vertu de laquelle le despotisme succède aux révolutions, les périodes de réforme aux périodes de conservatisme, les siècles ascétiques aux siècles dissolus; qui, dans le commerce, produit tour à tour l'excès de confiance et la panique, qui fait passer la mode d'un extrême à l'autre, — affecte aussi nos habitudes de table, et par conséquent le régime alimentaire que l'on fait suivre aux enfants. Après une époque où l'on buvait et mangeait vigoureusement, est venue une époque de sobriété comparative; les sectes des *teetotallers* (1) et des *végétariens* sont les formes extrêmes de la protestation contemporaine contre les excès du temps passé. Avec ce changement d'habitudes chez les adultes s'est produit parallèlement un changement dans le régime des enfants. Nos pères croyaient que plus on pouvait faire manger les enfants, mieux

(1) Voir la note de la page 120.

cela valait; et même aujourd'hui, chez les paysans et dans les provinces reculées, où les vieilles idées se conservent plus longtemps, on trouve des parents qui excitent leurs enfants à manger jusqu'à la réplétion. Mais dans les classes supérieures, où la réaction vers l'abstinence est plus marquée, on peut observer une disposition à ne point nourrir suffisamment les enfants. Nous dirons même que c'est plutôt par le régime qu'ils imposent à leurs enfants que par celui qu'ils suivent eux-mêmes, que ces partisans de la sobriété manifestent leur éloignement pour les grossiers appétits des temps passés; car, tandis que leur ascétisme est modéré, chez eux-mêmes, par les réclamations de la nature, il se donne librement carrière dans la législation qu'ils font pour la jeunesse.

C'est une vérité banale que trop manger et manger trop peu sont mauvais l'un et l'autre. Des deux excès pourtant, le dernier est pire. Ainsi que l'a dit une haute autorité, « les effets de la réplétion accidentelle sont moins préjudiciables et plus tôt réparés que ceux de l'inanition. » (*Encyclopédie de médecine pratique*). De plus, quand on n'intervient point d'une façon peu judicieuse, il est rare que les enfants se donnent des indigestions. « Manger avec excès est le vice des adultes plutôt que des enfants, qui sont rarement gourmands ou épicuriens, si ce n'est par a faute de ceux qui les élèvent. » (*Ibid.*) Ce système de restriction, que tant de parents croient nécessaire d'imposer, est fondé sur des observations insuffisantes et sur de faux raisonnements. On abuse de la réglementation dans la *nursery*, comme dans l'État; et une des formes les plus fâcheuses de cet abus, c'est la façon dont on rationne les enfants pour leur nourriture.

« Mais, dira-t-on, faut-il permettre aux enfants de surcharger leur estomac, de se bourrer de friandises, et de se rendre malades comme ils le feront certainement ? » La question ainsi posée n'admet qu'une réponse; mais, ainsi posée aussi, elle préjuge le point qui fait l'objet du débat. Nous prétendons que, comme l'appétit est un guide sûr chez tous les animaux, — un guide sûr chez le nourrisson, un guide sûr chez le malade, un guide sûr chez les adultes qui mènent une vie régulière, — on peut en inférer avec certitude qu'il est un guide sûr chez les enfants. Il serait étrange que, chez eux seulement, ce guide ne méritât point confiance.

Quelques personnes, peut-être, supporteront impatiemment cette réponse, persuadées qu'elles peuvent citer des faits qui la contredisent complètement. Il peut sembler absurde de nier l'autorité de ces faits, et pourtant notre thèse, malgré son apparence paradoxale, est parfaitement soutenable. En réalité, les excès qu'on voudrait nous objecter sont ordinairement le résultat du système restrictif dont ils semblent devoir fournir la justification. Ce sont les réactions sensuelles produites par le régime ascétique. Ils prouvent, en petit, cette vérité générale : que ceux qui, pendant la jeunesse, ont été soumis à la discipline la plus rigoureuse, sont disposés à se jeter dans la suite dans les plus grandes extravagances. On peut les rapprocher du spectacle offert jadis par plus d'un couvent, où l'on voyait des religieuses passant de l'extrême austérité à la dissolution la plus effrénée. Ils démontrent la force irrésistible de désirs longtemps comprimés. Considérez les goûts des enfants et la manière dont on les traite. Le goût des sucreries est très marqué et presque universel chez eux. Probablement, quatre-vingt-dix-neuf personnes sur cent s'imaginent qu'il n'y a rien là qu'une sensualité du palais, et que, de même que d'autres désirs sensuels, elle doit être réprimée. Le physiologiste, cependant, que ses découvertes ont conduit à voir de plus en plus dans toutes choses un ordre qu'il faut respecter, soupçonne que, dans ce goût des sucreries, il y a quelque chose de plus que ce qu'on suppose ordinairement, et bientôt ses recherches confirment ses soupçons. Il découvre que le sucre joue un rôle important dans le développement de l'organisme. Les matières sucrées, ainsi que les matières grasses, sont oxygénées dans notre corps, et il s'en dégage de la chaleur. Le sucre est la forme sous laquelle plusieurs autres composés doivent passer avant de pouvoir nous fournir de la chaleur animale ; et cette formation de sucre a lieu dans notre corps même. Non seulement l'amidon se change en sucre pendant la digestion, mais il a été démontré par M. Claude Bernard que notre foie est une usine dans laquelle les autres éléments constituants de notre alimentation sont changés en sucre : le sucre étant chez nous un besoin si grand, qu'il est tiré même des substances azotées, quand on n'en fournit point d'autres à l'estomac. Or si, à ce fait que les enfants ont un désir prononcé de sucreries, nourriture productive de calorique, nous joignons cet autre fait, qu'ils ont en général un dégoût non moins prononcé pour l'aliment qui donne le plus de calorique pendant son oxydation, c'est-à-dire pour les matières grasses, nous avons des raisons de penser que l'excès de l'un compense l'absence de l'autre, et que l'organisme réclame davantage de sucre, parce qu'il ne peut pas s'assimiler beaucoup de graisse. De même, les enfants aiment les acides végétaux. Les fruits de toute espèce font leurs délices ; et, en l'absence de quelque chose de meilleur, ils dévorent les groseilles vertes et les pommes les plus âpres. Or non seulement les acides végétaux sont, ainsi que les acides minéraux, de très bons toniques, et sont bienfaisants à ce titre quand on les prend avec modération, mais, quand ils sont donnés sous leur forme naturelle, ils ont d'autres avantages. « Les fruits mûrs, dit le docteur Andrew Combe, sont donnés beaucoup plus abondamment sur le continent que chez nous, et ils sont souvent très utilement employés à stimuler les intestins qui fonctionnent imparfaitement (1). » Voyez donc quel désaccord existe entre les besoins instinctifs des enfants et le régime auquel on les astreint ordinairement ! Voilà deux goûts qui sont dominants chez eux et qui, selon toute apparence, expriment certains besoins de nature dans l'enfance ; et non seulement on les méconnaît, mais habituellement on les contrarie. On s'en tient strictement au pain et au lait le matin, au thé avec du pain et du beurre le soir, ou à quelque autre nourriture également insipide. Toute satisfaction du palais est jugée inutile ou même mauvaise. Quelle en est la conséquence ? Quand, les jours de fête, les enfants peuvent obtenir l'usage sans réserve des choses qui leur sont agréables, quand un peu d'argent de poche leur permet de s'approprier l'étalage longtemps envié de la boutique du confiseur, ou quand on les laisse courir librement dans un verger, alors le désir trop longtemps comprimé conduit à de grands excès. C'est un carnaval impromptu, dû en partie à ce que la contrainte cesse, en partie à ce qu'on prévoit un carême prolongé. Et alors, quand surviennent les indigestions, on prétend qu'il ne faut pas laisser les enfants se guider par leurs appétits ! Ces résultats désastreux des restrictions artificielles sont donnés pour preuve qu'il faut encore plus de restrictions ! Nous soutenons donc que les raisonnements employés pour justifier ce système d'intervention sont vicieux. Nous soutenons que, si l'on permettait aux enfants d'user quotidiennement de ces aliments plus savoureux, qui répondent chez

(1) Le Dr Combe, mort en 1847, est l'auteur d'un livre très estimé en Grande-Bretagne sur le *Régime physique et moral de l'enfance* (*Treatise on the physiological and moral management of infancy*; Édimbourg, 1840.)

eux à des besoins physiologiques, ils en prendraient rarement plus que leur nécessaire, ce qu'ils font aujourd'hui, quand l'occasion s'en présente. Si les fruits, comme dit le docteur Combe, « formaient une partie de leur nourriture habituelle » (pris, ainsi qu'il le conseille, non entre les repas, mais aux repas), ils n'éprouveraient point cette convoitise qui les porte à dévorer des pommes vertes et des prunelles. Il en est de même dans les autres cas.

Non seulement il existe de fortes raisons *à priori* pour se fier aux goûts des enfants, et non seulement les raisons que l'on donne pour s'en méfier sont sans valeur, mais tout autre guide ne saurait être suivi avec confiance. Quelle peut être la valeur de ce jugement des parents que l'on érige en régulateur? Lorsque « Olivier demande encore à manger » (1), sur quelle donnée se fondera la mère ou la gouvernante pour répondre *Non?* Elle pense qu'il a eu assez; mais quelles sont ses raisons pour le penser? A-t-elle quelque intelligence secrète avec l'estomac de l'enfant? A-t-elle une faculté de *voyante*, qui lui permette de distinguer les besoins de son corps? Si non, comment peut-elle décider avec sûreté? Ne sait-elle pas que le besoin de nourriture dépend dans le système de causes nombreuses et compliquées; — qu'il varie avec la température, avec l'état hygrométrique ou électrique de l'atmosphère; qu'il varie aussi avec la mesure d'exercice

(1) Allusion à un passage du célèbre roman de Charles Dickens, *Olivier Twist*. Le héros de ce touchant récit, le petit Olivier, est soumis, comme ses camarades, pensionnaires d'un workhouse, aux tortures d'un régime alimentaire absolument insuffisant. Enhardis par la faim, les petits malheureux se décident à réclamer une augmentation de leur ration, et c'est Olivier qui est désigné par le sort pour présenter la requête *Oliver asking for more*, « Olivier demandant encore à manger, » est devenu une locution proverbiale en anglais.

pris, avec la nature et la quantité des aliments absorbés dans le dernier repas, avec la rapidité de la digestion de ce repas? Comment peut-elle calculer les résultats d'une telle combinaison de causes? Ainsi que nous le disait le père d'un enfant de cinq ans, qui est plus grand de toute la tête que tous les garçons de son âge, robuste à proportion, rosé, actif : « Je ne puis trouver aucune règle artificielle pour connaître la quantité de nourriture dont il a besoin. Si je dis : « Ceci suffit, » ce n'est qu'une supposition ; et la supposition peut être fausse aussi bien qu'elle peut être juste. Conséquemment, comme je ne me crois point devin, je laisse l'enfant manger à son appétit. » Certainement, quiconque jugera par le résultat admettra la sagesse de cette conduite. La confiance en eux-mêmes avec laquelle les parents légifèrent pour l'estomac de leurs enfants prouve leur ignorance des lois de la physiologie ; s'ils étaient plus instruits, ils seraient plus modestes : « l'orgueil de la science est de l'humilité comparé à l'orgueil de l'ignorance. » Si l'on veut savoir combien il faut se défier des jugements humains, et se fier à l'ordre préétabli des choses, que l'on compare la témérité du médecin inexpérimenté avec la prudence du grand médecin ; ou bien, qu'on ouvre l'ouvrage de sir John Forbes (1) sur *La nature et l'art dans la guérison des maladies*, on verra qu'à mesure qu'on acquiert une connaissance plus approfondie des lois de la vie, on devient plus défiant de soi-même et plus confiant dans la nature.

Passant de la question de quantité à la question de qualité, nous reconnaissons la même tendance

____

(1) Sir John Forbes (1787-1861), médecin écossais, auteur de nombreux ouvrages et l'un des principaux collaborateurs de l'Encyclopédie anglaise de médecine pratique plusieurs fois citée par M. Spencer.

ascétique. Non-seulement on mesure d'une main par-cimonieuse la ration de nourriture accordée aux enfants, mais on la compose d'aliments peu sub-stantiels. L'opinion courante est que les enfants n'ont pas besoin de nourriture animale. Dans les classes peu riches, l'économie semble avoir inspiré cette idée ; le désir qu'on en a fait qu'on croit à la chose. Les parents qui ne peuvent pas acheter beaucoup de viande répondent aux enfants qui leur en deman-dent : « La viande n'est pas bonne pour les petits garçons et les petites filles; » et ce qui n'était d'abord qu'une excuse est devenu, à force d'être répété, un article de foi. Dans les classes riches où l'argent n'est pas une considération, on s'est laissé influencer, en partie par l'exemple de la majorité, en partie par l'opinion des nourrices sorties du peuple, et un peu aussi par la réaction contre l'animalisme des géné-rations passées.

Cependant, si nous cherchons sur quoi se fonde cette opinion, nous ne trouvons rien ou fort peu de chose. C'est un dogme qu'on répète et qu'on accepte sans preuves, comme celui qui imposait, il y a quelques années, l'usage des emmaillottements. Il est très probable que pour l'estomac des petits en-fants, qui n'a pas encore beaucoup de force muscu-laire, la viande, exigeant une trituration considé-rable avant qu'elle puisse être réduite en chyme, n'est pas un aliment approprié. Mais cette objection ne tient pas contre des aliments de nature animale dont on aurait extrait la partie fibreuse; et elle n'a plus de raison d'être quand, au bout de deux ou trois ans, l'estomac des enfants a acquis une vigueur musculaire considérable. Et tandis que l'argument à l'appui de ce dogme, admissible en partie pour ce qui est des très jeunes enfants, ne l'est plus à l'égard des enfants plus âgés, qui néanmoins sont ordinairement élevés conformément à ses prescrip-tions, l'opinion contraire s'appuie sur des preuves nombreuses et décisives. Le verdict de la science est exactement opposé à l'opinion populaire.

Nous avons posé la question à deux de nos médecins les plus éminents, et à plusieurs de nos physiologistes les plus distingués; et ils ont conclu uniformément que les enfants doivent avoir une nourriture aussi substantielle, sinon plus, que celle des adultes.

Le fondement sur lequel repose cette opinion est évident, et le raisonnement qui y conduit est simple. Il suffit de comparer le procès vital chez l'enfant et chez l'homme, pour voir que le premier a besoin de plus de nourriture que le second. Pourquoi faut-il à l'homme des aliments? C'est que tous les jours son corps subit une certaine usure : usure par l'exercice musculaire; usure du système nerveux par l'action mentale; usure des viscères par les fonctions de la vie; et le tissu ainsi détruit doit être renouvelé. Chaque jour aussi, par le rayonnement, son corps perd une forte somme de chaleur; or, comme il est nécessaire, pour la continuation des actes vitaux, que la température du corps soit maintenue, cette perte doit être compensée par une production de chaleur; et pour cela certains éléments constituants de notre corps subissent une oxydation continuelle. Compenser l'usure journalière, et fournir à la perte journalière de calorique, ce sont donc là les seules raisons pour lesquelles l'adulte a besoin de nourriture. Considérez maintenant le cas de l'enfant. Lui aussi, il use la substance de son corps par l'action, et il suffit de voir sa turbulente activité pour comprendre que, en proportion de sa taille, il use probablement autant que l'homme. Lui aussi, il perd de la chaleur par le rayonnement; et comme son corps présente une plus grande surface, en proportion de sa masse, que celui d'un homme, et que par conséquent il perd sa chaleur plus rapidement, la quantité de combustible dont il a besoin est

relativement plus grande. De façon que, lors même
que le jeune garçon n'aurait d'autres fonctions vitales
à accomplir que celles de l'adulte, il aurait encore
besoin d'une quantité d'aliments relativement plus
considérable. Mais, outre la conservation du corps
par le remplacement des tissus, outre la production
de chaleur, l'enfant doit encore faire des tissus
nouveaux : il doit grandir. Après que la déperdition de substance et de chaleur a été compensée,
le surplus de la nutrition sert à la construction de
l'édifice du corps; et ce n'est que par ce surplus
que le développement est possible : la croissance
qui a lieu en l'absence de surplus de nutrition cau-
sant un affaiblissement visible de l'organisme. Il est
vrai que, par une loi mécanique qui ne peut pas
être expliquée ici, un petit organisme a un avantage
sur un grand, dans le rapport existant entre les
forces qui tendent à réparer et celles qui tendent à
détruire, et c'est même à cet avantage qu'est due la
possibilité de la croissance. Mais cela ne fait que rendre plus évidente cette vérité que, bien que l'enfant
puisse supporter dans une grande mesure un régime
contraire à ses besoins sans que l'excès de vitalité
qu'il possède soit complètement contrebalancé, tout
régime de ce genre a pour effet, en diminuant cet
excès, de diminuer aussi sa taille et sa perfection
corporelle. La façon impérieuse dont l'organisme
en voie de développement demande des matériaux
à s'assimiler nous apparaît dans cette « faim d'écolier », qui n'est plus connue à aucune autre époque
de la vie, et dans le retour comparativement prompt
de l'appétit chez les enfants. S'il faut une preuve de
plus de ce besoin extraordinaire de nourriture, nous
l'avons dans ce fait que, dans les famines, à la suite
de naufrages ou d'autres désastres, ce sont les enfants qui meurent les premiers.

Après avoir reconnu ce besoin plus grand de
nourriture, nous avons à nous demander : Doit-on

y satisfaire en donnant aux enfants une très grande quantité d'aliments que nous pourrions appeler dilués, ou une quantité moindre d'aliments concentrés? La nutrition qu'on peut obtenir d'une quantité donnée de viande ne s'obtient que d'une plus grande quantité de pain, d'une quantité plus grande encore de pommes de terre, et ainsi de suite, la quantité devant être augmentée à mesure que la qualité nutritive diminue. Vaudra t-il mieux donner aux enfants, en quantité suffisante, des aliments aussi substantiels que ceux des adultes? Ou bien, sans égard à ce fait, que l'estomac de l'enfant doit, en tout état de cause, digérer un volume d'aliments plus gros, relativement à sa capacité, que celui que digèrent les adultes, le chargerons-nous plus encore, en lui donnant une nourriture d'ordre inférieur en quantité encore plus grande?

La réponse est claire. Plus on économise de travail digestif, plus on garde de forces pour la croissance et l'action. Les fonctions de l'estomac et de l'intestin ne se font pas sans une grande dépense de sang et de force nerveuse; et, dans la fatigue qui suit un repas abondant, tout adulte a la preuve que cette acquisition de sang et de force nerveuse se fait aux dépens du système. Si l'on obtient la nutrition nécessaire au moyen d'une grande quantité d'aliments peu nutritifs, ce n'est qu'en faisant travailler les viscères plus qu'ils ne travailleraient pour obtenir cette même nutrition, au moyen d'une moindre quantité d'aliments plus nutritifs. Ce travail supplémentaire est autant de perdu; et cette perte se traduit chez les enfants par une diminution de forces ou de croissance, ou de tous les deux. On doit donc conclure qu'il faut donner aux enfants une nourriture dans laquelle les qualités nutritives soient, autant que possible, réunies aux qualités digestives.

Il est certainement vrai que filles et garçons

peuvent être élevés avec des aliments exclusivement
ou presque exclusivement végétaux. Dans les classes
riches, on trouve des enfants auxquels on donne
très peu de viande et qui, malgré cela, grandissent
et semblent bien portants. La nourriture animale
est presque inconnue aux enfants des travailleurs
de la campagne, et cependant ils atteignent une
maturité vigoureuse. Mais ces faits, en apparence
contraires à notre opinion, n'ont pas le poids qu'on
croit communément. En premier lieu, parce qu'un
enfant aura semblé prospérer dans ses jeunes
années sous le régime du pain et des pommes de
terre, il ne s'ensuit pas qu'il doive atteindre plus
tard un développement satisfaisant; et la comparaison entre les paysans et la noblesse en Angleterre, entre les prolétaires et la bourgeoisie en
France, n'est nullement à l'avantage des mangeurs
de végétaux. En second lieu, la question n'est pas
simplement une question de taille et d'embonpoint
apparent, mais aussi une question de *qualité*. Des
chairs molles font à peu près la même figure que
des chairs fermes. Mais quoique, à l'œil inattentif,
un enfant dont les tissus sont flasques puisse paraître l'égal de celui dont les fibres sont fortes, la
moindre épreuve fera connaître la différence qui
existe entre eux. L'obésité chez les adultes est
souvent un signe de faiblesse. Les hommes perdent
de leur poids par l'exercice qu'on fait subir aux
coureurs et aux athlètes. La bonne mine apparente
de ces enfants mal nourris ne prouve donc rien. En
troisième lieu, outre la taille et l'embonpoint, il
faut considérer l'énergie vitale. Entre les enfants
de la classe nourrie de viande et les enfants de la
classe nourrie de pain et de pommes de terre, il y
a un contraste marqué à cet égard. Sous le rapport
de la vivacité physique et mentale, l'enfant du
paysan est grandement inférieur à l'enfant du gen-
tleman.

Si nous comparons différentes espèces d'animaux ou différentes races d'hommes, ou les mêmes animaux et les mêmes hommes nourris d'une manière différente, nous avons la preuve plus claire encore que *le degré d'énergie dépend essentiellement de la nature de l'alimentation*.

Chez une vache, nourrie d'un aliment aussi peu substantiel que l'herbe, nous voyons que l'énorme volume demandé nécessite un vaste système digestif; que les membres, petits en comparaison du corps, sont surchargés de son poids; que, pour porter un pareil corps et pour digérer cette énorme quantité de nourriture, beaucoup de forces sont dépensées, et que, peu de forces restant en réserve, l'animal est inerte. Comparez à la vache le cheval, animal dont la structure se rapproche de la sienne, mais qui est habitué à vivre d'aliments plus concentrés. Ici le corps, et particulièrement la région abdominale, est plus petit par rapport aux membres qu'il ne l'est chez la vache; ceux-ci ne sont pas écrasés par le poids de viscères aussi massifs, ni épuisés par la fatigue de digérer un si gros volume d'aliments; par conséquent, il y a plus d'activité, de force de locomotion, de vivacité. Si nous comparons également la lourdeur stupide de la brebis herbivore avec la vivacité du chien, qui se nourrit de viande ou de farineux, ou d'un mélange de l'un et de l'autre, nous voyons une différence de même nature, mais plus grande encore. Et après avoir visité le jardin zoologique, et remarqué l'agitation avec laquelle les animaux carnivores vont et viennent dans leurs cages, il suffira de se souvenir que jamais les animaux herbivores ne montrent habituellement cette vitalité surabondante pour voir combien est clair le rapport entre le degré de concentration des aliments et le degré d'activité de l'animal.

Que ces différences ne résultent pas directement

de la diversité des constitutions, ainsi qu'on pourrait le prétendre, mais qu'elles proviennent de la nature de l'alimentation, c'est ce qui est prouvé par les différences observables chez les animaux de même espèce. Les variétés de chevaux en fournissent un exemple : comparez le lourd cheval de charretier, au vaste abdomen, aux mouvements lents, avec un cheval de course ou de chasse, aux flancs amincis, aux membres vigoureux, et rappelez-vous que la nourriture du premier est beaucoup moins nutritive que celle du dernier. Ou bien, prenez un exemple dans l'humanité : l'Australien, le Hottentot, qui vivent de racines et de baies, de larves d'insectes et autre maigre chère, sont comparativement petits, ont de gros abdomens, des muscles mous et peu développés, et sont complètement incapables de lutter avec des Européens, soit au pugilat, soit dans tout effort prolongé. Voyez les races de sauvages, belles de taille, fortes, actives, comme les Cafres, les Indiens de l'Amérique du Nord, les Patagons : ce sont de grands mangeurs de viande. L'Hindou, mal nourri, ne peut résister à l'Anglais, dont l'alimentation est plus substantielle. Il lui est inférieur en énergie intellectuelle et physique. Et nous voyons que l'histoire constate en général que les races bien nourries se sont toujours montrées les races énergiques et dominantes.

L'argument est encore plus fort, si nous remarquons que le même sujet est capable de plus ou moins de travail, selon que sa nourriture est plus ou moins substantielle. Ceci a été prouvé pour les chevaux. Quoiqu'un cheval mis au vert puisse engraisser, il perd de ses forces, comme il est aisé de le voir aussitôt qu'on le met au travail. « Le premier effet de l'herbe fraîche donnée comme nourriture aux chevaux, c'est le relâchement de leur système musculaire. » — « L'herbe est très bonne à engraisser un bœuf pour le marché de Smithfield ;

mais elle ne vaut rien pour faire un cheval de chasse. » On a toujours vu qu'après avoir laissé les chevaux de chasse pâturer pendant l'été, il faut les nourrir pendant quelques mois à l'écurie, pour qu'ils puissent suivre les chiens, et qu'ils ne sont pas complètement refaits avant le printemps suivant. La pratique moderne est celle recommandée par M. Apperley, « de ne jamais mettre un cheval de course au pâturage, excepté dans des circonstances exceptionnelles et très favorables, et de le tenir constamment à l'écurie ; » ce qui veut dire de ne lui donner jamais une mauvaise nourriture. On ne peut obtenir beaucoup de vigueur et de solidité que par l'usage prolongé d'aliments nutritifs. Cela est si vrai que, d'après M. Apperley, le long usage d'aliments substantiels permet à un cheval de force moyenne d'égaler un cheval de première force, nourri de la manière ordinaire. A toutes ces preuves, ajoutez ce fait bien connu, que, lorsqu'on fait faire à un cheval une double étape, on a l'habitude de lui donner des fèves, lesquelles contiennent une plus grande proportion de substance azotée ou propre à faire des tissus, que son avoine ordinaire.

En ce qui concerne les hommes, le fait a été établi d'une façon plus claire encore. Nous ne parlons pas du régime des athlètes, qui se conforme strictement à cette doctrine. Nous parlons de l'expérience faite par les entrepreneurs de chemins de fer et leurs ouvriers. On a éprouvé depuis longtemps qu'un terrassier anglais, nourri de viande, fait plus de travail qu'un terrassier du continent, nourri de farineux. Cela est si vrai, que les Anglais qui se sont faits entrepreneurs de chemins de fer sur le continent ont trouvé de l'avantage à faire venir leurs ouvriers d'Angleterre. Ce qui prouve que cela est dû à la différence de nourriture et non à la différence de races, c'est que, lorsque les terrassiers du continent sont nourris de la même manière que les terrassiers anglais, ils approchent beaucoup de ceux-ci comme activité et comme force. Qu'on nous permette d'ajouter à ce fait notre témoignage personnel, fondé sur une expérience de six mois d'alimentation purement végétale : nous avons pu constater par nous-même que l'abstinence de viande produit une diminution de vigueur physique et intellectuelle.

Ces diverses preuves ne viennent-elles pas à l'appui de notre opinion sur l'alimentation qui convient aux enfants ? N'en résulte-t-il pas que, même en supposant qu'on puisse atteindre à la même stature et au même embonpoint avec une nourriture peu substantielle qu'avec des aliments nutritifs, il existera une grande différence dans la qualité des tissus ? N'établissent-elles pas le principe que la bonne nourriture est indispensable à l'accroissement et à la vigueur ? Ne confirment-elles point la conclusion *à priori* que, bien que des enfants auxquels on demande peu d'activité corporelle et mentale puissent très bien vivre de farineux, des enfants qui doivent fournir à beaucoup d'exercice musculaire et intellectuel, outre la formation de nouveaux tissus, doivent être nourris d'aliments contenant une plus grande proportion d'éléments nutritifs ? Et le corollaire évident de cette vérité n'est-il pas qu'en leur refusant cette alimentation supérieure on nuit, soit à leur croissance, soit à leur vigueur corporelle, soit à leur énergie intellectuelle, selon les circonstances et selon la constitution des enfants ? Nous croyons qu'aucun esprit logique ne le mettra en doute. Penser autrement, c'est en revenir, sous une forme déguisée, à la vieille erreur du mouvement perpétuel ; c'est croire qu'on peut tirer la force du néant.

Avant de quitter le sujet de l'alimentation, nous devons dire quelques mots de la *variété* qu'il est nécessaire d'y introduire. A cet égard, le régime des enfants est très défectueux. S'ils ne sont pas,

comme les soldats de notre armée, condamnés à
« vingt ans de bœuf bouilli », ils ont à supporter
une monotonie qui n'est guère moins en désaccord
avec les lois de l'hygiène. A dîner, ils ont, il est
vrai, une nourriture plus ou moins mélangée et
qui change tous les jours. Mais tous les jours de la
semaine, toutes les semaines du mois, tous les mois
de l'année, ils ont le même déjeuner de pain et de
lait, ou de soupe au gruau d'avoine ; et, avec la
même persistance, on achève la journée par une
seconde édition de pain trempé dans le lait, ou parfois par du thé accompagné de pain et de beurre.

Cet usage est en opposition avec les indications
fournies par la physiologie. La satiété produite par
un mets souvent représenté, et le plaisir causé par
l'apparition d'un mets auquel le palais est resté
longtemps étranger, ne sont pas des faits sans signification, comme bien des gens le supposent légèrement ; ce sont des excitations de la nature à varier
le régime alimentaire. C'est un fait établi par de
nombreuses expériences qu'il n'y a presque pas un
seul aliment, même de premier ordre, qui fournisse,
en proportion suffisante ou convenable, tous les
éléments nécessaires aux fonctions normales de la
vie : d'où il suit que le changement de nourriture
est désirable pour arriver à établir la proportion
voulue entre ces divers éléments. C'est un autre fait,
bien connu des physiologistes, que le plaisir causé
par la dégustation de certains aliments préférés est
un stimulant nerveux, qui, en activant les battements du cœur et en chassant le sang avec plus de
force, aide à la digestion. Et ces vérités sont en
harmonie avec la maxime suivie à l'égard des animaux, qui prescrit une certaine variété dans leur
alimentation.

Non seulement le changement périodique de nourriture est très désirable ; mais, pour la même raison,
il est très désirable que chaque repas soit aussi com-

posé d'aliments mélangés. La pondération plus juste des ingrédients et le stimulant imprimé au système nerveux se font sentir jusque dans la composition d'un seul repas. Si l'on en veut la preuve, nous pouvons citer la facilité comparative avec laquelle un estomac digère un dîner français, énorme comme quantité, mais extrêmement varié comme espèces de mets. Peu de personnes préterdront qu'un poids égal d'aliments d'une seule espèce, si bien préparés qu'ils fussent, pourrait être digéré avec la même aisance. Si l'on veut d'autres preuves encore, on les trouvera dans n'importe quel ouvrage moderne sur l'élève des bestiaux. Les animaux se développent mieux quand chacun de leurs repas est composé de plusieurs éléments différents. Les expériences de Goss et de Stark « fournissent une preuve décisive de l'avantage ou plutôt de la nécessité d'un mélange de substances, pour produire le composé le mieux approprié aux fonctions de l'estomac. » (*Encyclopédie d'anatomie et de physiologie.*)

Si quelqu'un objecte que le changement de nourriture et la variété des mets pour les enfants donneraient trop de peine, nous répondrons que nulle peine n'est trouvée trop grande lorsqu'elle favorise leur développement mental, et que pour leur bien-être futur le développement corporel est encore plus important. De plus, il est affligeant et étrange, en vérité, qu'une peine qu'on se donne volontiers pour engraisser des cochons soit jugée trop grande quand il s'agit d'élever des enfants.

Un mot d'avertissement encore à ceux qui voudraient adopter le régime que nous indiquons. Le changement ne doit pas être fait brusquement ; car une alimentation peu nutritive, quand elle a été prolongée, a tellement affaibli le système, qu'il ne peut supporter tout à coup une alimentation forte. La nutrition insuffisante est en elle-même une cause de dyspepsie. Cela est vrai même des animaux. « Quand les veaux sont nourris de lait écrémé, ou de petit-lait, ou de quelque autre aliment pauvre, ils sont sujets aux indigestions. » (Morton, *Encyclopédie d'agriculture*). De là vient que, quand le sujet a peu de force, la transition à une alimentation plus généreuse doit être graduelle : chaque accroissement de vigueur justifiant un accroissement de nutrition. Ensuite, il faut se souvenir que la concentration des substances nutritives ne doit pas être poussée trop loin. A chaque repas, il convient que l'estomac soit rempli ; et cela indique qu'il faut que la masse des aliments pris ait un certain volume. Quoique la capacité des organes digestifs soit moins grande chez les races civilisées et bien nourries que chez les races sauvages et mal nourries, et quoique cette capacité puisse diminuer peut-être encore dans l'avenir, cependant, dans le temps où nous sommes, le volume des aliments ingérés doit être mesuré à celui de l'estomac. Mais, cette proportion étant gardée, notre conclusion est que l'alimentation des enfants doit être hautement nutritive, qu'elle doit être variée à chaque repas et qu'elle doit être abondante.

Il en est du vêtement comme de la nourriture. On tend à le rendre insuffisant. Ici encore, l'ascétisme reparaît. Il y a dans le monde une théorie courante, vaguement acceptée, si elle n'est pas exprimée dans une formule définie : c'est qu'il ne faut point tenir compte de nos sensations. Réduite à sa forme la plus simple, elle se résume dans cette croyance que les sensations n'ont pas pour objet de nous guider, mais de nous égarer. C'est là une grave erreur : nous sommes constitués d'une manière beaucoup plus avantageuse. Ce n'est point parce qu'on obéit aux sensations, c'est parce qu'on leur désobéit qu'on expose le corps à tous les maux. Ce n'est point de

manger quand on a faim, mais de manger quand
on n'a pas faim, qui est mauvais. Ce n'est point de
boire quand on a soif, mais de continuer à boire
quand on n'a plus soif, qui constitue un vice. Le mal
ne résulte pas de respirer cet air frais qui est si
agréable à toute personne bien portante, mais de
respirer l'air impur en dépit de la protestation des
poumons. Le mal ne résulte pas de cet exercice salutaire auquel nous pousse la nature, comme nous
le voyons chez les enfants, mais du mépris des suggestions de la nature. Ce n'est pas l'activité intellectuelle, spontanée et agréable, qui est nuisible, mais
celle qui est continuée, en dépit des maux de tête
et de la surexcitation cérébrale. Ce n'est point l'exercice corporel, soit agréable, soit indifférent, qui est
dangereux, c'est l'exercice prolongé malgré l'épui-
sement. Il est vrai que, chez ceux qui ont mené
une vie peu saine, les sensations ne sont pas toujours des guides sûrs. Les gens qui, pendant des
années, ont vécu renfermés, qui ont beaucoup
exercé leur cerveau et presque pas leur corps, qui
ont mangé pour obéir à l'horloge et non à leur
estomac, peuvent très bien être égarés par des sensations viciées ; mais leur situation anormale est le
résultat de leurs transgressions à l'égard de ces
mêmes sensations. S'ils n'avaient jamais, depuis l'enfance, désobéi à ce que nous pourrions appeler la
conscience physique, elle n'aurait point été émous-
sée, mais serait restée un moniteur fidèle.

Au nombre des sensations qui servent à nous guider sont les sensations de chaud et de froid ; et un
mode d'habillement qui ne tient point compte de ces
sensations chez les enfants doit être désapprouvé.
L'idée ordinaire qu'il faut « endurcir le corps » est
une illusion fâcheuse. Bien des enfants sont si bien
« endurcis » qu'ils en meurent, et ceux qui survivent
souffrent du système suivi à leur égard, soit dans
leur santé, soit dans leur croissance. « Leur air dé-

licat, dit le docteur Combe, dénote surabondamment le mal qu'on leur a fait, et leurs fréquentes maladies devraient être un avertissement pour les parents irréfléchis. » Le raisonnement sur lequel repose cette théorie de l'endurcissement est extrêmement superficiel. Des gens riches qui voient des enfants de paysans jouer dehors à moitié nus, et qui remarquent l'air bien portant des gens de la campagne, en tirent la conclusion que la santé est le fruit du vêtement léger, et décident de tenir leurs propres enfants légèrement couverts! On oublie que ces marmots, qui gambadent sur les places des villages, vivent, à plusieurs égards, dans des conditions favorables; que leur vie se passe en jeux perpétuels; qu'ils respirent l'air pur toute la journée; et que leur système n'est point dérangé par un travail cérébral excessif. En dépit des apparences, ce n'est point le vêtement léger qui les rend bien portants; ils sont bien portants, malgré le vêtement léger. Nous croyons que notre conclusion est la vraie, et que la perte de chaleur animale à laquelle ils sont soumis est un préjudice pour eux.

Car lorsque, la constitution étant assez robuste pour le supporter, les enfants s'endurcissent en étant exposés au froid, cela n'a lieu qu'aux dépens de leur croissance. Cette vérité est aussi évidente chez l'animal que chez l'homme. Les poneys des îles Shetland supportent une température plus rude que les chevaux du midi de l'Angleterre; mais ils sont nains. Les moutons des montagnes d'Ecosse sont rabougris en comparaison des moutons anglais. Dans les régions arctiques et antarctiques, la race humaine tombe au-dessous de la taille ordinaire. Les Lapons et les Esquimaux sont très petits; et les indigènes de la Terre-de-Feu, qui vont nus sous un climat froid, sont, dit Darwin, si laids et si rabougris, « que nous pouvons à peine croire que ce soient nos semblables. »

La science explique ce rabougrissement par la soustraction de la chaleur animale, prouvant qu'à nourriture et autres choses égales il en est le résultat nécessaire. Car, ainsi que nous l'avons dit, pour compenser le refroidissement par rayonnement que le corps subit continuellement, il faut qu'il y ait oxydation constante de certaines matières fournies par l'alimentation. Et, plus la perte de calorique est grande, plus la quantité des substances à oxygéner doit être considérable. Mais la puissance des organes digestifs a des bornes. Conséquemment, quand ils ont à préparer une grande quantité de matériaux pour maintenir la température du corps, ils ne peuvent en préparer que peu pour former le système. Une grande dépense de combustible amène une diminution de matériaux disponibles pour un autre emploi. D'où il résulte que le corps reste petit, ou inférieur par la qualité des tissus, ou tous les deux à la fois.

De là vient la grande importance du vêtement. Ainsi que le dit Liebig, « le vêtement est pour nous, en ce qui concerne la température du corps, le simple équivalent d'une certaine somme de nourriture. » En diminuant la perte de calorique, il diminue le besoin de combustible pour le maintien de cette température; et, quand l'estomac a moins à faire pour préparer le combustible, il peut faire davantage pour préparer d'autres matériaux. Cette déduction est confirmée par l'expérience de ceux qui soignent les animaux. Le froid n'est supporté par les animaux qu'aux dépens de leur graisse, de leurs muscles, ou de leur croissance, suivant le cas. « Si l'on expose au froid des animaux mis à l'engrais, le progrès de l'engraissement sera retardé, ou bien il faudra ajouter beaucoup à leur nourriture. » (Morton, *Encyclopédie d'agriculture*). M. Apperley insiste fortement sur la nécessité de tenir les écuries chaudes, pour mettre les chevaux de chasse en bon état. Et, chez les éleveurs de chevaux de courses, c'est une opinion établie que l'on doit éviter d'exposer les chevaux au froid.

La vérité scientifique, ainsi démontrée par l'ethnologie et reconnue par les agriculteurs et les sportsmen, s'applique aux enfants avec une double force. Plus ils sont petits et plus leur croissance est rapide, plus le mal que leur fait le froid est grand. En France, des nouveau-nés meurent quelquefois d'avoir été portés à la mairie pour être inscrits sur le registre des naissances. M. Quételet (1) a montré qu'en Belgique il meurt deux enfants en janvier contre un en juillet. En Russie, la mortalité des enfants est énorme. Même lorsque le jeune homme approche de la maturité, le corps, encore incomplètement développé, est relativement moins capable de supporter les intempéries, ainsi que le prouve la rapidité avec laquelle les jeunes soldats succombent pendant une campagne pénible. La raison en est claire. Nous avons déjà dit que, à cause de la proportion de la surface à la masse du corps, un enfant perd relativement plus de calorique qu'un adulte ; et ici nous devons faire remarquer que le désavantage supporté par les enfants est très grand. Lehmann dit : « Si l'on calcule la quantité d'acide carbonique exhalée par les enfants et les jeunes animaux en la comparant au poids du corps, on trouve que les enfants produisent proportionnellement deux fois autant d'acide carbonique que les adultes. » Or la quantité d'acide exhalée varie assez exactement dans la proportion de la chaleur produite. Et ainsi nous voyons que, chez les enfants, le système, même quand les conditions ne sont pas défavorables, doit fournir, dans une proportion

(1) M. Quételet (1796-1874), savant belge, le créateur de la statistique envisagée comme expression des lois du développement physique et moral des nations.

double, les matériaux générateurs de la chaleur.

On voit donc la folie qu'il y a à vêtir les enfants légèrement. Quel est le père qui, arrivé comme il l'est à sa croissance, n'ayant d'autre besoin physiologique que le remplacement quotidien des tissus, et perdant la chaleur beaucoup moins vite que son enfant, croirait salutaire d'aller jambes nues, bras nus et cou nu? Cependant cette dépense de chaleur vitale, devant laquelle il reculerait pour son propre compte, il l'impose à de petites créatures, beaucoup moins en état que lui de la supporter, ou, s'il ne l'impose pas lui-même, la leur voit imposer par d'autres sans protestation! Qu'il se souvienne que chaque once de substance nutritive inutilement dépensée pour le maintien de la température du corps est autant d'enlevé à la nutrition d'où sort le développement corporel, et que, lors même qu'on échappe aux rhumes, aux congestions ou à d'autres maladies, une croissance moindre ou une structure moins parfaite en est le résultat.

« La règle est donc de ne pas s'habiller dans toutes les circonstances d'une manière invariable, mais de mettre des vêtements qui soient *suffisants*, *comme quantité et comme qualité, pour protéger le corps contre une sensation habituelle de froid, fût-elle légère.* » Cette règle, dont le docteur Combe souligne l'importance par des italiques, est une de celles que reconnaissent tous les hommes de science et tous les praticiens. Nous n'avons rencontré personne de compétent pour formuler un jugement à ce sujet, qui n'ait fortement condamné la pratique d'exposer à l'air les membres des enfants. S'il y a une chose à propos de laquelle il faudrait se mettre au-dessus des caprices de la mode, c'est celle-là.

Il est vraiment lamentable de voir des mères nuire à la santé de leurs enfants, pour suivre une mode déraisonnable. Il est déjà assez fâcheux qu'elles se conforment pour elles-mêmes à toutes les folies inventées ar nos voisins les Français ; mais qu'elles habillent leurs enfants en saltimbanques, sur les indications du *Petit Courrier des dames*, sans avoir égard à l'incommodité ou à l'insuffisance de ces costumes, c'est une chose monstrueuse. On inflige ainsi aux enfants une gêne plus ou moins grande; on leur cause des maladies; on arrête leur croissance ou l'on mine leur constitution; il n'est pas rare qu'on ait causé leur mort prématurée, et cela parce qu'on croit nécessaire de couper leurs habits sur les modèles et dans les étoffes inventés par la mode française. Non seulement les mères, pour se conformer à la mode, n'habillent pas leurs enfants d'une manière suffisante, et leur font ainsi du mal; mais, pour le même motif, elles leur imposent un genre de vêtement qui les empêche de pouvoir se livrer à une saine activité. On choisit, pour plaire aux yeux, des couleurs et des étoffes tout à fait impropres au rude usage qu'impliqueraient les jeux libres des enfants; et, pour les empêcher de gâter leurs vêtements, on leur interdit alors les libres jeux. « Levez-vous tout de suite : vous allez salir votre jaquette neuve, » dit une mère à un marmot qui se roule par terre. « Venez ici, vous allez salir vos bas, » crie une gouvernante à un enfant qui s'écarte du sentier battu pour gravir un remblai. C'est ainsi que le mal est doublé. Afin de répondre à l'idée qu'a leur mère de l'élégant et du joli, et afin d'être admirés des visiteurs, il faut que les enfants aient des vêtements qui ne les couvrent pas assez et dont l'étoffe est trop légère; et, afin que ces vêtements peu solides soient ménagés et tenus propres, il faut que l'inquiète activité, si naturelle et si nécessaire chez la jeunesse, soit contenue. L'exercice, qui devient doublement utile quand le vêtement est insuffisant, se trouve arrêté parce que l'on redoute de gâter le vêtement. Pourquoi faut-il que la funeste cruauté de ce système ne soit point comprise par

ceux qui le mettent en vigueur? Nous n'hésitons pas
à dire que des milliers de créatures humaines, victimes de cette déplorable préoccupation des apparences, sont chaque année condamnées à l'affaiblissement de la santé, à la diminution des forces, et,
par suite, à l'insuccès dans la vie, lorsqu'elles ne
sont point, par une mort prématurée, littéralement
sacrifiées au Moloch de la vanité maternelle. Nous
n'aimons pas les conseils de rigueur. Mais le mal
est si grand qu'il justifie, qu'il réclame même l'intervention péremptoire des pères de famille.

Notre conclusion est donc que, si l'habillement
des enfants ne doit jamais être assez lourd pour
produire une chaleur accablante, il doit toujours être
assez chaud pour prévenir toute sensation habituelle
de froid (1); qu'au lieu d'être en coton, en toile ou
en quelque tissu de fantaisie, il doit être fait d'une
matière qui soit un mauvais conducteur de calorique, comme une grossière étoffe de laine; qu'il doit
être assez solide pour n'être pas endommagé facilement par les jeux violents des enfants; et que sa couleur doit pouvoir supporter l'usage et les intempéries.

L'attention a été éveillée chez presque tout le
monde sur l'importance de l'exercice corporel. Il
est peut-être moins nécessaire de parler de cette
partie de l'éducation physique que de la plupart des

(1) Il faut remarquer que les enfants dont les bras et
les jambes ont été exposés à l'air depuis le commencement n'éprouvent pas la sensation du froid sur les
surfaces nues, de même que, par l'habitude, nous avons
cessé de sentir le froid au visage. Mais parce que, chez
ces enfants, la sensation a cessé de protester, il ne s'ensuit pas que leur système échappe au préjudice qu'on
lui cause, pas plus que l'habitant de la Terre-de-Feu
n'échappe aux conséquences du climat qu'il habite,
parce qu'il endure avec indifférence la chute de la neige
sur son corps nu. (*Note de M. Spencer.*)

autres parties, du moins pour ce qui est des garçons. Les écoles publiques et particulières ont toutes des emplacements de récréation à peu près convenables; et l'on y consacre habituellement une partie du temps aux jeux en plein air qui sont reconnus nécessaires. En cela, sinon en autre chose, on semble admettre qu'il est avantageux de suivre l'instinct naturel des jeunes garçons; et, dans la nouvelle coutume de couper les longues leçons de la matinée et de l'après-midi par quelques minutes de récréation en plein air, nous voyons une tendance croissante à conformer les règlements de l'école aux sensations physiques des élèves. Nous avons donc ici peu de chose soit à réclamer, soit à conseiller.

Mais nous avons dû dire, en reconnaissant qu'on admettait la nécessité de l'exercice : « pour ce qui est des garçons. » Malheureusement, il en est tout autrement en ce qui concerne les filles. Nous avons, par hasard, une occasion personnelle de faire journellement la comparaison à cet égard. Deux écoles, une de filles, l'autre de garçons, se trouvent sous nos fenêtres, et le contraste entre elles est remarquable. Dans l'école de garçons, la presque totalité d'un grand jardin est convertie en un terrain découvert et sablé qui fournit un vaste champ de jeux, et qui est garni de poteaux et de barres horizontales pour servir aux exercices gymnastiques. Tous les jours avant le déjeuner, puis à onze heures, puis à midi, puis dans l'après-midi, puis le soir après les classes, le voisinage est assourdi par un chorus de cris et de rires qui l'avertit que les élèves se précipitent au jeu. Tant qu'ils sont dehors, les yeux et les oreilles rendent témoignage qu'ils sont plongés dans cette activité agréable qui fait battre le pouls plus fort et assure, par là, le fonctionnement sain de tous les organes. Combien différent est le tableau présenté par « l'Institut de jeunes demoiselles » ! Avant qu'on nous l'eût dit, nous ne savions point qu'il y eût là un pensionnat de jeunes filles, aussi près de nous que le pensionnat des jeunes gens. Le jardin, de même étendue que l'autre, n'offre rien de particulier pour servir aux amusements de la jeunesse ; il est tout formé de pelouses, d'allées sablées, de massifs et de corbeilles de fleurs, à la façon des jardins ordinaires. Pendant un espace de cinq mois, nous n'avons pas entendu là un rire ou un cri. Quelquefois, on aperçoit des jeunes personnes qui suivent lentement les allées, leurs livres d'étude à la main, ou qui se promènent en se donnant le bras. Une seule fois, nous en avons aperçu une qui courait après une autre autour du jardin. A cette seule exception près, nous n'avons jamais vu qu'elles se livrassent à aucun exercice physique.

Pourquoi cette étonnante différence ? Est-ce que la constitution d'une fille diffère si essentiellement de celle d'un garçon, qu'elle n'ait pas besoin de ces exercices actifs ? Est-ce qu'une fille n'a aucun de ces goûts qui poussent les garçons aux jeux bruyants ? Ou bien, doit-on penser que, pendant que la nature a donné ces goûts aux jeunes garçons comme des stimulants à une activité sans laquelle ils ne peuvent atteindre à un développement suffisant, elle ne les a donnés à leurs sœurs que pour vexer les maîtresses d'école ? Peut-être cependant nous méprenons-nous sur la pensée des personnes chargées de l'éducation du sexe plus doux. Nous soupçonnons vaguement qu'elles sont sous l'empire de cette idée, qu'il n'est point désirable de produire chez les filles un robuste développement physique ; qu'une santé florissante et une grande vigueur sont à leurs yeux des qualités plébéiennes ; qu'une certaine délicatesse, une force calculée sur des promenades d'un mille ou deux, qu'un petit appétit délicat et facilement satisfait, joints à cette timidité qui accompagne la faiblesse, sont jugés choses plus convenables à des femmes du monde. Nous ne nous attendons pas à ce qu'on en fasse l'aveu; mais nous imaginons que l'esprit de la gouvernante est hanté par un idéal de demoiselle qui ressemble fort à celui-là. S'il en est ainsi, il faut admettre que le système établi est parfaitement trouvé pour produire cet idéal. Mais supposer que cet idéal est celui des hommes est une profonde erreur. Sans doute, il est certain qu'ils ne sont pas généralement attirés vers les femmes aux formes masculines. Nous admettons pleinement qu'une certaine faiblesse relative, qui demande protection, est pour eux un attrait. Mais la différence qui correspond aux sentiments de l'homme est la différence préétablie qui s'affirmera assez d'elle-même, sans qu'on ait recours à des moyens artificiels. Et quand, par ces moyens artificiels, le degré de différence dépasse celui que la nature a voulu, il devient un élément de répulsion plutôt que d'attraction.

« Ainsi, il faudrait donc laisser les jeunes filles s'émanciper et devenir aussi tapageuses que des garçons ! » s'écriera quelque zélateur des convenances. Ceci est, pensons-nous, la crainte toujours présente à l'esprit des maîtresses de pension. Il résulte d'informations prises que, dans les « Instituts de jeunes demoiselles », les jeux bruyants, tels que ceux auxquels se livrent journellement les garçons, sont considérés comme une transgression punissable, et nous en inférons qu'on les défend, de peur que les petites filles ne prennent des habitudes qui ne conviennent point à des femmes du monde. Cette crainte est, cependant, tout à fait sans fondements. Car, si les jeux actifs permis aux garçons n'empêchent point ceux-ci de devenir plus tard des hommes de bonnes manières, pourquoi ces mêmes jeux empêcheraient-ils les filles de devenir aussi des femmes du monde ? Si rudes qu'aient pu être leurs récréations d'écoliers, les jeunes gens qui ont quitté l'école ne s'amuseront pas à faire des culbutes dans la rue ou à sauter à cloche-pied dans un salon. En quittant leurs jaquettes, ils quittent du même coup les jeux de garçons, et ils montrent un soin extrême, souvent même un soin risible, à éviter tout ce qui leur semble ne pas convenir à un homme fait. Si, en arrivant à un certain âge, le sentiment de la dignité de l'homme met fin aux jeux des jeunes garçons, le sentiment de la modestie féminine ne mettra-t-il pas fin, de même, lorsqu'il se fortifiera par degrés avec l'âge, aux jeux des petites filles? Les femmes n'ont-elles pas, plus encore que les hommes, le respect des apparences? Et, par conséquent, ne seront-elles pas plus portées qu'eux encore à éviter les manières rudes et bruyantes? Combien il est absurde de supposer que les instincts de la femme ne s'affirmeraient pas d'eux-mêmes, et sans qu'il fût besoin de recourir à la discipline rigoureuse des maîtresses d'école!

Ici, comme dans d'autres cas, pour remédier aux maux causés par un traitement artificiel, on a eu recours à un autre traitement artificiel. Comme on avait défendu l'exercice spontané, et qu'on voyait trop les effets de l'absence d'exercice, on a adopté un système d'exercice factice : la gymnastique. Que cela vaille mieux que rien, nous l'admettons ; mais que ce soit un équivalent du jeu, nous le nions formellement. Les inconvénients de l'exercice gymnastique sont à la fois positifs et négatifs. En premier lieu, ces mouvements réglés, nécessairement moins divers que ceux qui résultent des jeux des écoliers, n'assurent pas une répartition égale d'activité entre toutes les parties du corps; d'où il résulte que, l'exercice tombant sur une partie seulement du système musculaire, la fatigue arrive plus tôt qu'elle n'arriverait sans cela; — ce qui, par parenthèse, conduit, si l'on persiste dans ces exercices, à un développement disproportionné de certaines parties du corps. Puis, non seulement la somme de l'exercice pris est inégalement distribuée, mais cet exercice, n'étant pas accompagné de plaisir, est moins salutaire; même quand ils n'ennuient point les élèves, à titre de leçons, ces mouvements monotones deviennent fatigants, faute du stimulant du jeu. On se sert, il est vrai, de l'émulation en guise de stimulant; mais ce n'est point là un stimulant continuel, comme celui du plaisir qui se mêle aux jeux variés. La plus forte objection reste encore à faire. Outre que la gymnastique est inférieure au libre jeu comme *quantité* d'exercice musculaire, elle lui est encore plus inférieure sous le rapport de la *qualité* de cet exercice. Cette absence comparative de plaisir qui fait qu'on abandonne vite les exercices artificiels, fait aussi qu'ils ne produisent que des effets médiocres sur le système. L'idée vulgaire que, aussi longtemps qu'on obtient la même somme d'exercice corporel, il importe peu que cet exercice soit agréable ou non, renferme une grave erreur. Une excitation cérébrale accompagnée de plaisir a sur le corps une influence hautement fortifiante. Voyez l'effet produit sur un malade par une bonne nouvelle ou par la visite d'un vieil ami! Remarquez combien les médecins recommandent aux personnes faibles les sociétés gaies! Souvenez-vous du bien que fait à la santé le changement de lieux! La vérité est que le bonheur est le plus puissant des toniques. En accélérant les mouvements du pouls, il facilite l'accomplissement de toutes les fonctions; et il tend ainsi à augmenter la santé quand on la possède, à la rétablir quand on l'a perdue. De là la supériorité intrinsèque du jeu sur la gymnastique. L'extrême intérêt que les enfants prennent au premier, la joie désordonnée avec laquelle ils se livrent à leurs plus folles boutades, sont aussi importants en eux-mêmes pour le développement du corps que l'exercice qui les accompagne. Et, comme elle ne produit pas ces stimulants intellectuels, la gymnastique est défectueuse.

Donc, tout en accordant, comme nous le faisons, que les exercices méthodiques des membres valent mieux que l'absence de tout exercice, et qu'on peut s'en servir avec avantage comme d'un moyen supplémentaire , nous soutenons qu'ils ne peuvent jamais remplacer les exercices indiqués par la nature. Pour les filles, comme pour les garçons, les jeux auxquels les poussent leurs instincts naturels sont essentiels à leur bien-être. Quiconque les défend, défend d'user des moyens divinement institués pour le développement physique.

Un point nous reste à examiner, — point qui exige peut-être plus de réflexion que les précédents. Bien des personnes prétendent que, dans les classes élevées, les jeunes gens et les adolescents ne sont ni aussi grands ni aussi forts que leurs pères. En entendant cette assertion pour la première fois, nous étions porté à la mettre sur le compte de la vieille tendance qu'ont les hommes à vanter le passé aux dépens du présent. Nous souvenant que, à en juger par les anciennes armures, la taille moyenne est plus grande aujourd'hui qu'autrefois, et que les statistiques de la mortalité indiquent une longévité un peu plus grande, nous avions donné peu d'attention à une croyance qui ne nous semblait pas fondée. Cependant un examen plus scrupuleux a ébranlé notre opinion. Laissant de côté la classe des paysans, nous avons remarqué que, dans la majorité des cas, les enfants n'atteignent pas à la taille de leurs parents ; sous le rapport de l'ampleur des formes, aussi, même en tenant compte de la différence d'âge, il y a infériorité de leur côté. Les médecins disent qu'aujourd'hui on ne pourrait supporter les saignées comme on les supportait autrefois. La calvitie prématurée est beaucoup plus commune qu'elle ne l'était, et la perte des dents arrive chez la nouvelle génération avec une fréquence surprenante. Sous le rapport de la vigueur générale, le contraste est également frappant. Les hommes des générations passées, avec la vie débauchée qu'ils menaient, pouvaient endurer des fatigues que les hommes de notre temps ne supporteraient pas, malgré la vie sobre qu'ils s'imposent. Quoiqu'ils bussent vigoureusement, qu'ils mangeassent à des heures irrégulières, qu'ils vécussent dans des maisons mal aérées, et négligeassent beaucoup les soins de propreté, nos pères pouvaient supporter, sans en souffrir, une application prolongée, et cela jusque dans la grande vieillesse, ainsi qu'on le voit par les annales du parquet et du barreau. Cependant, nous, qui avons beaucoup plus égard à notre santé ; qui mangeons avec modération ; qui ne buvons pas à l'excès ; qui nous préoccupons de la ventilation, et qui faisons usage d'ablutions fréquentes ; qui multiplions les excursions annuelles, et qui avons le bénéfice d'une science médicale plus avancée, nous succombons continuellement à notre tâche. Plus occupés que nos pères des lois de l'hygiène, nous semblons être plus faibles qu'eux, qui bravaient ces lois. Et, si l'on en juge par l'aspect extérieur ét les indispositions fréquentes des hommes de la génération qui vient, il est probable qu'ils seront encore moins robustes que nous.

Quelle est la signification de cela? Est-ce que la nourriture trop abondante qu'on prenait autrefois était moins préjudiciable à la santé que la nourriture insuffisante qu'on prend, comme nous l'avons remarqué, généralement aujourd'hui? Faut-il s'en prendre à ces vêtements légers, dont l'usage est dû à la théorie trompeuse de l'endurcissement? Les empêchements mis aux jeux bruyants de la jeunesse, par égard pour une fausse préoccupation de convenances, sont-ils l'origine du mal? D'après nous, chacune de ces causes y a probablement contribué ; mais il y a eu encore une autre influence nuisible, plus puissante peut-être qu'aucune autre :

nous voulons parler de l'excès d'application intellectuelle (1).

Les nécessités de la vie moderne exercent une pression de plus en plus forte sur l'homme de tout âge. Dans toutes les professions, dans toutes les affaires, une compétition de plus en plus ardente met à contribution les forces et les capacités de chaque adulte; et pour mettre les jeunes gens en état de soutenir plus tard cette compétition, on les soumet à une discipline intellectuelle plus sévère qu'autrefois. Le mal est double. Les pères, qui ont à lutter vigoureusement pour n'être point écrasés dans l'arène industrielle, commerciale, etc., et qui, dans le même temps où ils supportent ce désavantage, ont à subvenir aux dépenses considérablement accrues de leurs maisons, sont obligés de travailler toute l'année depuis le grand matin jusqu'à une heure tardive du soir, de se priver d'exercice et d'abréger leurs vacances. Ils transmettent à leurs enfants une constitution affaiblie par cet excès d'application. Et, après cela, ces enfants, comparativement faibles, prédisposés à succomber sous la pression d'un tra-

(1) Nous ne sommes pas certain que la propagation, par la vaccine, de formes atténuées de certaines maladies constitutionnelles, ne doive pas être regardée comme l'une des causes de cet affaiblissement de la race. Plusieurs faits pathologiques indiquent qu'en même temps que le virus s'excrète, par la voie des pustules, du système d'un enfant vacciné, s'excrètent aussi d'autres matières morbifiques, surtout si ces matières morbifiques sont de celles qui se portent habituellement à la peau, comme cela arrive pour quelques-unes des plus dangereuses d'entre elles. D'où il suit qu'il est très possible, qu'il est probable même, qu'un enfant ayant un vice constitutionnel trop léger pour se développer sous la forme d'une maladie peut, par le véhicule du vaccin vicié pris sur son bras, transmettre ce vice constitutionnel à d'autres enfants, ceux-là à d'autres encore, et ainsi de suite. (*Note de M. Spencer.*)

vail extraordinaire, ont à suivre un cours d'études infiniment plus étendu que celui qu'avaient à suivre, chez les générations précédentes, des enfants qui n'avaient point été d'avance affaiblis.

Les conséquences désastreuses qui étaient à prévoir sont visibles de tous côtés. Allez où vous voudrez, partout on vous parlera d'enfants ou de jeunes gens des deux sexes dont la santé a été plus ou moins altérée par le trop d'étude. Ici, vous voyez que les médecins ont prescrit une année de séjour à la campagne pour réparer le système ainsi débilité; là, c'est une congestion chronique du cerveau, qui dure depuis plusieurs mois et qui menace de durer encore longtemps; ailleurs, on vous parle d'une fièvre qui est résultée de la surexcitation due au régime de l'école; ailleurs encore, c'est un jeune homme dont il a déjà fallu interrompre les études et qui, depuis qu'il les a reprises, est sujet à des évanouissements dans la salle de classes. Nous citons là des faits, — des faits que nous n'avons pas cherchés et qui sont tombés sous nos yeux depuis deux ans, dans notre entourage même. Et nous n'en avons pas épuisé la liste! Tout récemment, nous avons eu l'occasion de remarquer comment le mal devient héréditaire; il s'agissait d'une dame née de parents robustes, mais dont la santé avait été si altérée dans sa jeunesse par le régime d'un pensionnat d'Écosse où elle n'était pas assez nourrie et où elle travaillait trop, qu'elle avait toujours depuis éprouvé des vertiges en se levant le matin; ses enfants ont hérité de cette disposition, due à l'affaiblissement du cerveau, de sorte que plusieurs d'entre eux ne peuvent supporter, sans maux de tête et étourdissements, un travail modéré. Et maintenant nous avons sous les yeux une jeune personne dont la santé a été altérée pour la vie par la fatigue excessive qu'ont produite chez elle les études scolaires. N'ayant jamais eu de temps et de forces de reste pour pouvoir faire de l'exercice, elle est, aujourd'hui que son éducation est terminée, continuellement malade. Un appétit faible et capricieux; un dégoût ordinaire pour la viande; les extrémités froides, même en été; une faiblesse qui s'oppose à la marche; des palpitations en montant les escaliers; une vue affaiblie; une croissance incomplète, des tissus lâches: tels sont, entre beaucoup d'autres, quelques-uns des effets produits. Nous pouvons ajouter qu'une de ses amies de pension est dans le même état, sa faiblesse étant si grande qu'elle se trouve mal au milieu des réunions de plaisir les plus tranquilles, et que son médecin a exigé qu'elle abandonnât complètement l'étude.

Si des altérations si visibles de la santé sont aussi fréquentes, combien plus générales doivent être celles qui ne sont point appréciables à la vue! Pour un cas où les effets de l'excès d'application se traduisent en maladie positive, il y a probablement une demi-douzaine de cas où le mal ne se montre pas avec une évidence aussi irrésistible et où il s'accumule lentement; cas dans lesquels le dérangement des fonctions est attribué à telle ou telle cause étrangère, ou bien à une délicatesse de constitution; cas où il y a retard et suspension du développement physique, cas où naît et s'établit une tendance à la consomption, cas où l'on prépare de loin ces affections cérébrales causées aujourd'hui si communément par le travail pendant la vie adulte. Il suffit de réfléchir aux maladies fréquentes que produit l'excès de travail chez les hommes de cabinet ou d'affaires, pour comprendre combien pires doivent en être les effets sur la constitution non développée des enfants, et combien souvent leur santé doit être ainsi secrètement minée. Les jeunes ne peuvent supporter ni autant d'effort physique, ni autant d'effort intellectuel que les adultes. Jugez donc, si les adultes souffrent manifestement de l'effort intellectuel excessif auquel ils sont soumis, de ce que doit être le préjudice causé aux jeunes par un effort intellectuel également excessif !

Quand nous songeons à l'impitoyable règle d'études de tant d'écoles, nous nous étonnons, non pas qu'elle produise des maux extrêmes, mais qu'elle puisse être supportée. Prenez l'exemple fourni par sir John Forbes et tiré de son expérience personnelle. Il s'agit d'une école de filles, et l'auteur nous affirme que le programme ci-dessous se retrouve, à peu de chose près, dans toutes les écoles destinées aux jeunes personnes des classes bourgeoises en Angleterre. Laissant de côté le détail des divisions de la journée, voici en résumé l'emploi des vingt-quatre heures :

Au lit..................	9 h. (les petites, 10 h.).
En classe...............	9 h.
En classe, ou à la maison, les plus âgées occupées à des études de leur choix, les plus jeunes pouvant se livrer à une récréation....................	3 h. 1/2 (les petites, 2 h. 1/2).
Temps consacré aux repas	1 h. 1/2.
Exercice en plein air, pris sous forme de promenades, souvent les livres à la main et seulement quand le temps est beau...............	1 h.
Total..........	24 heures.

Quels sont les résultats de cet « étonnant régime », comme l'appelle sir John Forbes? Nécessairement, la faiblesse, la pâleur, le défaut d'animation, une santé générale mauvaise. Mais ce qui est plus grave, c'est l'observation qu'il a faite : que ce complet mépris du bien-être physique qu'amène la préoccupation exclusive du développement de l'esprit, — que cet exercice prolongé du cerveau, et cette absence d'exercice du corps, non seulement troublent les fonctions, mais conduisent à la difformité. « Nous visitions dernièrement, dit-il (*Encyclopédie de médecine pratique*, vol. I, p. 697-698), dans une de nos grandes villes, un internat de filles renfermant quarante jeunes personnes : une enquête attentive nous apprit qu'il n'y en avait pas une seule, parmi celles qui s'y trouvaient depuis plus de deux ans (et c'était la majorité d'entre elles), qui ne fût plus ou moins contrefaite (*crooked*)! »

Il est possible que depuis l'année 1833, époque où ces lignes ont été écrites, quelque amélioration ait eu lieu. Nous espérons qu'il en a été aussi Mais que le système dont il s'agit soit encore répandu, qu'il soit même poussé quelquefois plus loin que jamais, c'est ce dont nous pouvons personnellement témoigner. Nous visitions, il y a peu de temps, une école normale de jeunes gens, une de ces écoles fondées récemment pour former de bons instituteurs. Là, sous une surveillance officielle, dont on pourrait attendre plus de lumières que du jugement de simples maîtresses de pension, voici la routine journalière qui est établie :

A 6 heures, on réveille les élèves; de 7 à 8, étude; de 8 à 9, lecture de la Bible, prière et déjeuner; de 9 à midi, étude; de midi à 1 h. 1/4, repos et temps nominalement consacré à la promenade ou à d'autres exercices corporels, mais souvent employé à l'étude; de 1 h. 1/4 à 2 h., dîner (le repas ne prenant ordinairement que 20 minutes); de 2 à 5, étude; de 5 à 6, thé et repos; de 6 à 8 1/2, étude; de 8 1/2 à 9 1/2, étude en son particulier, pour préparer les devoirs du lendemain; coucher à 10 heures.

Ainsi, sur les vingt-quatre heures de la journée, huit sont consacrées au sommeil; quatre et un quart sont remplies par la prière, les repas, la toilette et les courts instants de repos qui les accompagnent; dix heures et demie sont données à l'étude, et une heure un quart à un exercice corporel facultatif et souvent négligé. Non seulement les dix heures et demie d'études réglementaires sont augmentées d'une heure, parce que les élèves préfèrent travailler encore plutôt que de se promener, mais quelques-uns d'entre eux se lèvent à quatre heures du matin pour préparer leurs devoirs, et ils y sont encouragés par leurs maîtres! Le programme à parcourir dans un temps donné est si étendu; les professeurs, dont l'amour-propre est intéressé à ce que les élèves passent bien les examens, sont si pressants, qu'il n'est point rare que ceux-ci soient conduits à consacrer douze ou treize heures par jour au travail intellectuel!

Pas n'est besoin d'être prophète pour voir que le dommage ainsi causé à la santé doit être grand, et l'un des élèves nous a avoué que ceux qui arrivent avec un teint de santé ne tardent pas à pâlir. Les maladies sont fréquentes; le manque d'appétit et la mauvaise digestion, très ordinaires. La diarrhée est un des symptômes les plus communs, et souvent le tiers des élèves en est affecté à la fois. Ils se plaignent généralement de mal de tête, et quelques-uns en souffrent tous les jours pendant des mois entiers. Un certain nombre ne peuvent résister et sont obligés de partir.

Que tel soit le régime d'une institution modèle, institution fondée et surveillée par les hommes les plus éclairés de notre siècle, c'est là un fait étonnant. Que la sévérité des examens, jointe au petit nombre d'années ou de mois qu'on accorde aux élèves pour s'y préparer, rende nécessaire de recourir à un système qui détruit leur santé, c'est là une preuve, sinon de cruauté, du moins de déplorable ignorance.

Ce cas est sans doute exceptionnel et ne se rencontre que dans des institutions de ce genre. Mais qu'il existe, cela suffit à prouver que l'intelligence de la nouvelle génération est bien surchargée de travail. Comme elles expriment le sentiment dominant des classes éclairées en matière d'éducation, les exigences de ces écoles normales indiqueraient, en l'absence même de toute autre preuve, la tendance générale à trop presser l'acquisition des connaissances.

Il est étrange qu'on comprenne si peu le danger de la culture excessive dans la jeunesse, quand on comprend si généralement le danger de la culture excessive dans l'enfance. La plupart des parents connaissent, au moins en partie, les funestes conséquences de la précocité chez les petits enfants. Partout on entend blâmer ceux qui stimulent de trop bonne heure l'intelligence de leurs enfants; et plus on est instruit du mal qu'on peut ainsi leur faire, plus on redoute cette excitation précoce : citons comme preuve l'opinion d'un de nos éminents professeurs de physiologie, qui nous disait que son enfant ne prendrait aucune leçon avant l'âge de huit ans. Mais, pendant que tout le monde sait qu'un développement hâtif de l'esprit produit soit la faiblesse physique, soit l'hébétement, soit la mort prématurée, personne ne semble croire qu'il en est dans la jeunesse comme dans l'enfance. Rien n'est pourtant plus vrai. Il y a un ordre donné et une mesure donnée, dans lesquels les facultés se développent. Si les cours d'études suivent cet ordre et cette mesure, c'est fort bien. Mais si les facultés supérieures sont surchargées, parce qu'on leur présente sans cesse des connaissances plus complexes et plus abstraites que celles qu'elles peuvent s'assimiler; ou si, par un excès de culture, l'intelligence est amenée à un développement plus grand qu'il ne doit être à un certain âge, l'avantage anormal obtenu sera inévitablement suivi d'un désavantage équivalent et même plus qu'équivalent.

Car la nature est un comptable exact; et, si vous lui demandez plus qu'elle ne doit dépenser d'un côté, elle rétablit la balance en faisant une déduction ailleurs. Si vous la laissez suivre elle-même ses voies en ayant soin seulement de lui fournir les matériaux bruts de la croissance corporelle et intellectuelle, dans la proportion que chaque âge réclame, elle produira avec le temps un individu dont le développement sera plus ou moins harmonieux. Si vous insistez pour obtenir une croissance anormale sur un point, elle cédera, après un peu de protestations; mais, pendant qu'elle fera le travail que vous lui imposez, elle négligera quelque autre travail important. Qu'on n'oublie jamais que les forces vitales, à chaque époque de la vie, sont bornées, et que, cela étant, on ne peut en attendre qu'une certaine somme de résultats. Chez un enfant et chez un jeune homme, l'emploi de ces forces vitales est pressant et divers. Ainsi que nous l'avons dit plus haut, il faut subvenir au remplacement quotidien des tissus que l'exercice corporel détruit, à celui des tissus cérébraux qu'usent les études de la journée; il faut subvenir encore à la croissance du corps et au développement du cerveau; et, à ces dépenses de forces, il faut ajouter celles qui résultent de la digestion d'une grande quantité d'aliments, nécessaire à tout ce travail. Or, pour détourner de la force d'une direction dans une autre, il faut la faire tarir dans une de ces directions. C'est ce que le raisonnement montre *à priori* et l'expérience *à posteriori*. Tout le monde sait, par exemple, que la digestion d'un mets lourd produit une lassitude du corps et du cerveau, qui se termine souvent par le sommeil. Tout le monde sait qu'un excès de travail corporel diminue la puissance de l'esprit; que la prostration temporaire produite par des efforts précipités, ou par une marche de dix lieues, porte l'esprit à la paresse; qu'après un mois de voyage à pied, sans intervalles de repos, l'inertie mentale est telle, qu'il faut plusieurs jours pour la surmonter; et que, chez les paysans qui passent leur vie dans le travail musculaire, l'activité intellectuelle est faible. C'est encore une vérité familière que, pendant ces accès de croissance subite qui arrivent quelquefois dans l'enfance, la dépense extraordinaire d'énergie est suivie d'une prostration physique et intellectuelle. Le fait qu'un violent exercice musculaire, après qu'on a mangé, suspend la digestion, et que les enfants mis de bonne heure à des travaux durs deviennent rabougris, montre de même que l'excès d'activité d'un côté implique la diminution d'activité d'un autre. Or la loi, qui est manifeste dans les cas extrêmes, est vraie dans tous les cas et toujours. Ces fâcheux déplacements de forces ont lieu d'une façon aussi certaine quand on les opère d'une manière insensible et continue, que lorsqu'ils se font d'une manière violente et soudaine. Donc, si dans la jeunesse la dépense de force appliquée au travail intellectuel dépasse les intentions de la nature, la somme de forces restante, qui doit être appliquée aux autres besoins, tombe au-dessous de ce qu'elle devrait être, et l'on amène inévitablement des maux d'une espèce ou d'une autre. Examinons brièvement quels sont ces divers maux.

Si le trop d'activité du cerveau ne dépasse que modérément le degré d'activité normale, il n'y aura qu'une réaction modérée dans le développement du corps : la taille restera un peu au-dessous de ce qu'elle eût été sans cela, ou les muscles acquerront moins de volume, ou la qualité des tissus sera un peu inférieure. Un ou plusieurs de ces effets doivent nécessairement se produire. La quantité de sang supplémentaire qui afflue au cerveau pendant le travail mental et pendant la période subséquente de réparation du tissu cérébral est du sang qui autrement eût circulé dans les membres et dans les viscères. Il est perdu pour la croissance, perdu pour l'entretien des tissus du corps. Cette réaction physique étant certaine, la question est de savoir si l'avantage qui résulte de la culture forcée de l'esprit dépasse le désavantage, si le défaut de la taille ou l'absence de cette perfection de structure qui donne la force ou la solidité au corps est compensée par le surplus de connaissances acquises.

Quand l'excès du travail intellectuel est plus grand, les inconvénients qui en résultent sont beaucoup plus graves, et ce n'est pas seulement le corps en général, mais le cerveau qui peut en souffrir. C'est une loi physiologique observée pour la première fois par M. Isidore Saint-Hilaire et sur laquelle M. Lewes a appelé l'attention dans son essai sur *les Nains et les Géants*, qu'il y a opposition entre la *croissance* et le *développement*. Par croissance, on doit comprendre ici *accroissement de stature*; par développement, *accroissement de structure*, et la loi veut qu'une grande activité dans l'un implique un ralentissement dans l'autre. La chenille et la chrysalide nous fournissent de ce fait un exemple familier. Dans la chenille, il y a très rapide accroissement de volume ; mais la structure est à peine plus complexe quand l'insecte est parvenu au plus haut degré de croissance que quand il est petit. Dans la chrysalide, le volume ne s'accroît pas; au contraire, le poids diminue pendant cette phase de l'existence, mais le développement organique s'opère avec une grande activité. L'antagonisme, qui est clair ici, l'est moins dans les êtres supérieurs, parce que les deux progrès se font chez eux simultanément. Mais nous le voyons pourtant dans notre espèce par le contraste entre les deux sexes. Les filles se développent rapidement sous le double rapport physique et moral, mais elles cessent de grandir de bonne heure. Les garçons se développent plus lentement physiquement et moralement; mais ils

grandissent davantage et plus longtemps. A l'âge
où les premières sont adultes et jouissent de leurs
facultés complètes, les autres, dont les forces vitales
ont été dirigées vers l'accroissement de stature, sont
relativement imparfaits sous le rapport de la structure, ce qui se montre dans leur gaucherie de tournure et d'esprit. Or cette loi s'applique à chacune
des parties de l'organisme, aussi bien qu'au tout.
Le développement d'une partie sous le rapport de
la structure, quand il se fait avec une rapidité anormale, implique une suspension de son développement sous le rapport du volume; et cela a lieu certainement dans les organes cérébraux, comme dans
tous les autres organes. Le cerveau qui, pendant
l'enfance, est relativement volumineux, mais impar-
fait comme organisation, s'organisera, si on lui fait
accomplir ses fonctions avec trop d'activité, d'une
façon plus rapide qu'il ne convient à cet âge; mais
le résultat sera plus tard qu'il n'aura atteint ni les
dimensions ni la force qu'il eût atteintes sans cela.
Et c'est là une des causes, peut-être la cause principale, pour laquelle les enfants précoces et les
jeunes gens qui, pendant un certain temps, ne con-
naissaient point de rivaux, s'arrêtent court si souvent, et frustrent la haute espérance qu'avaient
conçue d'eux leurs parents.

Mais ces résultats désastreux de l'excès de culture
sont peut-être moins désastreux encore que les effets
produits sur la santé générale : la constitution minée,
les forces diminuées, et les sentiments rendus mor-
bides. Des découvertes récentes en physiologie ont
montré quelle immense influence le cerveau exerce
sur les fonctions du corps. La digestion, la circulation et, par suite, toutes les fonctions organiques,
sont profondément affectées par l'excitation cérébrale. Quiconque a vu répéter, comme nous l'avons
vu, l'expérience faite pour la première fois par
Weber, montrant les effets qu'on produit en exci-

tant le nerf *vagus*, qui relie le cerveau aux viscères;
quiconque a vu l'action du cœur, subitement arrêtée
par l'excitation de ce nerf, reprendre lentement
quand on suspend cette excitation, et s'arrêter encore quand l'excitation est renouvelée, aura une
idée claire de l'influence déprimante qu'un cerveau
surmené exerce sur le corps. Les effets ainsi expliqués physiologiquement sont encore prouvés par
l'expérience ordinaire. Il n'est personne qui n'ait
senti les palpitations qui accompagnent l'espoir, la
peur, la colère, la joie ; personne qui n'ait remarqué
combien l'action du cœur devient pénible quand ces
sentiments sont violents. Et quoiqu'il y ait beaucoup
de personnes qui n'ont jamais éprouvé des émotions
extrêmes, au point où elles produisent la suspension des mouvements du cœur et l'évanouissement,
cependant tout le monde sait que l'une est la cause
de l'autre. C'est également un fait qui nous est familier, que des troubles digestifs résultent de l'excitation cérébrale, quand elle dépasse un certain
degré. La perte de l'appétit accompagne l'extrême
joie et l'extrême douleur. Quand l'un de ces deux
états d'esprit survient après le repas, il arrive souvent que l'estomac rejette les aliments qu'il a reçus
ou ne les digère qu'avec une grande difficulté. Et,
ainsi que l'attestera quiconque fait beaucoup travailler son cerveau, il suffit même quelquefois de
l'activité intellectuelle, quand elle est excessive, pour
produire de semblables effets. Or la relation entre
le cerveau et le corps, si évidente dans ces cas
extrêmes, n'est pas moins vraie dans les cas moins
marqués. De même que les excitations cérébrales,
violentes et passagères, produisent des troubles viscéraux violents et passagers, les excitations cérébrales faibles, mais continues, produisent des troubles
viscéraux moins forts, mais chroniques. Ce n'est pas
là une simple déduction : c'est une vérité dont tout
médecin peut rendre témoignage, et l'une de celles

dont une longue et triste expérience nous permet
de rendre personnellement témoignage aussi. Il faut
souvent des années de repos forcé pour faire dispa-
raître les maladies qui ont été produites, sous des
formes et à des degrés divers, par cet abus prolongé du travail cérébral. Quelquefois c'est le cœur
qui est principalement affecté : palpitations habituelles; pouls faible; diminution du nombre des
battements de soixante-douze à cinquante, et même
moins. Quelquefois, c'est l'estomac qui souffre davantage : une dyspepsie survient, qui fait de la vie
un fardeau et ne peut se guérir qu'à la longue. Dans
beaucoup de cas, le cœur et l'estomac sont atteints
tous deux. Presque toujours, le sommeil est court
et interrompu, et généralement il y a plus ou moins
d'abattement intellectuel.

On peut voir, d'après cela, combien grand doit
être le mal fait aux enfants et aux jeunes gens par
une excitation exagérée des facultés de l'intelligence.
Un trouble constitutionnel, plus ou moins considérable, succédera inévitablement à tout effort cérébral qui dépassera la mesure voulue par la nature;
et, quand il n'ira pas jusqu'à produire positivement
la maladie, il causera sûrement une lente dégénérescence du physique. Comment pourrait se faire
heureusement le développement du corps, avec un
appétit languissant, une digestion imparfaite, une
circulation faible? L'accomplissement parfait des
fonctions organiques dépend d'un afflux suffisant
de sang riche. Sans une quantité voulue de sang
généreux, aucune glande ne peut sécréter comme
il faut, aucun viscère remplir l'office auquel il est
destiné. Faute de sang, aucun nerf, aucun muscle,
aucune membrane, aucun tissu ne peut être réparé.
Faute de sang d'une composition normale, la croissance ne sera ni régulière ni suffisante. Qu'on juge
donc des conséquences, quand l'estomac affaibli
fournit à un corps qui croît un sang insuffisant en

qualité et en quantité, quand le cœur débilité fait mouvoir ce sang rare et pauvre avec une lenteur qui n'est pas naturelle.

Et si, comme doivent l'admettre tous ceux qui étudient cette matière, la dégénérescence physique est le résultat inévitable d'un abus de l'étude, combien ne doit-on pas condamner ce système de travail excessif dont nous avons plus haut rapporté un exemple! Il est terriblement erroné, de quelque point de vue qu'on l'envisage. Il est erroné au point de vue des connaissances à acquérir; car l'esprit, comme le corps, ne peut s'assimiler au-delà d'une certaine somme d'aliments et rejette bientôt le trop-plein de faits que vous lui présentez. Au lieu de devenir des pierres de l'édifice intellectuel, ces faits ne font que passer dans la mémoire et en sortent aussitôt que les examens, en vue desquels on a voulu les acquérir, sont finis. Il est erroné, parce que son effet est d'inspirer le dégoût de l'étude. Soit par l'association d'idées produite par un travail pénible, soit à cause de l'état cérébral qu'il laisse derrière lui, il fait naître souvent l'aversion des livres; et, au lieu de cette culture spontanée et progressive à laquelle conduit une éducation rationnelle, il y a une rétrogradation continue. Il est erroné encore, parce qu'il suppose que l'acquisition des connaissances est tout, qu'il oublie que l'organisation des connaissances est beaucoup plus importante et que, pour cette organisation, deux choses sont nécessaires : le temps et le travail spontané de la pensée. Ainsi que le remarque Humboldt du progrès de l'intelligence en général, « l'interprétation de la nature est obscurcie, quand la description languit par une trop grande accumulation de faits isolés; » et, de même, le progrès de l'intelligence individuelle est gêné par un excès de connaissances mal digérées. Ce ne sont pas les connaissances amassées dans le cerveau, comme la graisse dans le corps, qui sont

de grande valeur, ce sont les connaissances conver-
ties en muscles de l'esprit. L'erreur de ce système
ne s'arrête pas là. Fût-il approprié au développement vrai de l'intelligence, ce qui n'est pas, il serait
encore mauvais, parce que, ainsi que nous l'avons
vu, il est fatal à cette vigueur physique, qui est
nécessaire pour que la culture intellectuelle devienne un avantage dans le combat de la vie. Ceux
qui, dans leur préoccupation exclusive de développer l'esprit, négligent les intérêts du corps, ne
se souviennent pas que le succès dans ce monde
dépend plus de l'énergie que des connaissances
acquises, et que c'est aller au-devant de sa propre
défaite que de ruiner sa constitution par l'excès de
travail intellectuel. La volonté forte, l'infatigable
activité, dues à la vigueur physique, compensent,
dans une grande mesure, même des lacunes importantes de l'éducation ; et, quand on les réunit à cette
culture suffisante qu'il est possible d'obtenir sans
sacrifier la santé, elles assurent à celui qui les possède une victoire aisée sur des concurrents affaiblis
par un excès d'étude, fussent ils des prodiges de
science. Une machine, comparativement petite et
imparfaite, mais marchant à haute pression, fera plus
de travail qu'une machine grande et très finie, qui
ne marchera qu'à pression basse. Quelle folie n'est-
ce donc pas, en voulant perfectionner la machine,
que d'endommager la chaudière, de façon qu'elle
ne puisse plus fournir de vapeur ! Le système en
question est encore erroné, en ce qu'il implique
une fausse conception du bonheur dans la vie.
Même en supposant qu'il menât l'homme au succès
dans le monde, au lieu de le conduire à la défaite,
il lui préparerait, dans une santé ruinée, un fléau
dont aucun avantage humain ne pourrait le dédommager. A quoi servent les richesses, si elles sont
accompagnées de souffrances continuelles ? Que
valent les distinctions sociales, si elles ont amené

l'hypocondrie avec elles? Est-il nécessaire de dire qu'une bonne digestion, un pouls énergique, un caractère gai, sont des biens extérieurs que rien ne peut contre-balancer? Les maladies chroniques assombrissent les plus beaux horizons, tandis que la bonne humeur que donne la santé sert à embellir même le malheur. Nous soutenons donc que cette culture forcée est vicieuse de toutes les manières : vicieuse, parce qu'elle ne fait acquérir à l'homme que des connaissances qu'il ne tarde pas à perdre; vicieuse, parce qu'elle néglige l'organisation des connaissances, organisation qui vaut plus que les connaissances mêmes; vicieuse, parce qu'elle affaiblit ou détruit cette vigueur sans laquelle l'éducation intellectuelle est inutile; vicieuse, parce qu'elle amène cette mauvaise santé, à laquelle aucun succès dans le monde ne pourrait servir de compensation, et qui rend l'insuccès doublement amer.

Les effets de ce système de culture forcée sont peut-être plus mauvais encore chez les femmes que chez les hommes. Comme les petites filles sont presque entièrement privées de ces vigoureux et agréables exercices corporels qui, chez les garçons, mitigent les inconvénients du trop d'étude, elles éprouvent ces effets dans toute leur intensité. De là vient que si peu d'entre elles deviennent robustes et bien faites. Dans ces jeunes personnes pâles, anguleuses, à poitrine aplatie, qui peuplent les salons de Londres, nous voyons les effets de cette application rigoureuse que ne viennent point interrompre les jeux de la jeunesse ; et cette dégénérescence physique nuit plus à leur succès que leurs talents ne peuvent y aider. Les mères, préoccupées du soin de rendre leurs filles agréables, ne pourraient en choisir plus mal les moyens qu'en sacrifiant ainsi le corps à l'esprit. Ou elles ne tiennent point compte des goûts des hommes, ou elles se méprennent étrangement sur ces goûts. Les hommes ont peu

de souci de trouver de l'érudition chez les femmes ;
ce qu'ils prisent beaucoup, c'est la beauté, le bon
caractère et le sens droit. Quelles sont les conquêtes qu'a jamais faites un bas-bleu par sa vaste
connaissance de l'histoire ? Quel homme est jamais
devenu amoureux d'une femme, parce qu'elle sa-
vait l'italien ? Où est l'Edwin qui est tombé aux
pieds d'Angélina, parce qu'elle parlait l'allemand ?
Mais des joues roses et des yeux brillants, ce sont
là de grands attraits. Un visage bien arrondi attire
des regards d'admiration. La gaieté et la bonne
humeur que produit la bonne santé ont formé bien
des attachements conduisant au mariage. Tout le
monde a connu des cas dans lesquels la perfection
des formes a fait naître, en l'absence de toute autre
recommandation, une passion irrésistible ; mais
bien peu de gens ont vu l'instruction d'une jeune
personne exciter, en dehors de ses mérites physiques et moraux, un pareil sentiment. La vérité est
que, de tous les éléments qui se combinent dans
le cœur de l'homme pour produire l'émotion complexe qu'on appelle amour, les plus puissants sont
ceux qui naissent des avantages extérieurs ; en seconde ligne viennent ceux que fournissent les qualités morales ; les plus faibles sont ceux qui sont
produits par les attraits intellectuels ; et ceux-ci
dépendent moins de l'instruction acquise que de facultés naturelles, telles que la vivacité d'esprit, la
finesse, la pénétration. Si quelque personne trouve
que notre assertion a quelque chose de dégradant
pour l'homme et s'indigne que le caractère masculin
puisse se laisser dominer par de pareils motifs, nous
répondrons qu'on ne sait guère ce que l'on dit quand
on met ainsi en question la sagesse de l'ordre divinement établi. Lors même que le sens de cet
arrangement ne serait point visible, nous pourrions
être certains qu'il existe en vue de quelque objet
important. Mais ce sens est tout à fait clair pour

ceux qui réfléchissent. Quand nous nous souvenons qu'une des fins de la nature, ou plutôt sa fin suprême, est le plus grand avantage de la postérité ; qu'en ce qui la concerne, une intelligence cultivée, accompaguée d'une mauvaise constitution physique, est de peu de valeur, puisque les descendants de la personne qui la possède mourront faute de santé dans une génération ou deux ; et qu'à l'inverse, un beau et robuste physique, quoiqu'il ne soit accompagné d'aucun talent, mérite d'être conservé, parce que l'intelligence pourra, dans les générations à venir, être indéfiniment développée, nous voyons combien est importante cette direction imprimée aux instincts de l'homme. Mais, quoi qu'il en soit de ce côté de la question, les instincts existent, et c'est en conséquence une folie que de persister dans un système qui détruit la santé d'une jeune fille, pour le plaisir de surcharger sa mémoire? Élevez-la d'une façon aussi distinguée que possible, nous l'accordons, pourvu qu'il n'en résulte aucune altération de la santé ; et ici nous remarquerons qu'on pourrait atteindre à un niveau suffisamment élevé, si l'on cultivait moins la mémoire de perroquet, si l'on faisait davantage appel aux véritables facultés humaines, et si l'éducation se continuait pendant cette période de temps perdu qui s'étend de la sortie de l'école au mariage. Mais cultiver les facultés intellectuelles de façon à produire la dégénérescence physique, c'est aller contre le but même de tous les soins, de toutes les dépenses, de tous les soucis de l'éducation. En soumettant leurs filles à ce système à haute pression, les parents détruisent souvent leurs perspectives d'avenir. Outre qu'ils leur infligent les tristesses, les incapacités qui accompagnent la mauvaise santé, ils les condamnent souvent au célibat.

L'éducation physique des enfants est donc défectueuse en plusieurs manières. Elle l'est par l'insuffisance de l'alimentation , par l'insuffisance du vêtement, par l'insuffisance de l'exercice (du moins en ce qui concerne les filles) et par l'excès de l'application intellectuelle. Considéré dans son ensemble, ce régime demande trop et donne trop peu. Par la façon dont il dépense les forces vitales, il rend la vie des jeunes plus semblable à celle des adultes qu'elle ne devrait l'être. Il méconnaît cette vérité que si, dans le premier âge, la vitalité est employée presque tout entière à la croissance, de sorte qu'il en reste fort peu pour l'action physique et intellectuelle, la croissance continue d'être, dans l'enfance et l'adolescence, l'objet dominant auquel tous les autres doivent être subordonnés. Dans l'intérêt de la croissance, il faut donner beaucoup de forces à l'organisme et lui en soustraire peu. Il faut diminuer l'activité corporelle et intellectuelle, en proportion de la rapidité avec laquelle le sujet grandit, et n'augmenter cette activité qu'au fur et à mesure qu'il commence à grandir moins.

La raison d'être de notre éducation à haute pression, c'est qu'elle est le produit naturel de la phase de civilisation que nous traversons. Dans les temps primitifs, alors qu'attaquer et se défendre étaient la première des activités sociales, la vigueur corporelle était le but essentiel de l'éducation ; aussi celle-ci, à cette époque, était-elle presque entièrement physique. On se souciait peu alors de la culture de l'esprit, et même, dans les temps féodaux, on la traitait avec mépris. Mais aujourd'hui qu'il règne dans le monde un état de paix comparative ; aujourd'hui que la force musculaire ne sert plus guère qu'aux travaux manuels, et que le succès dans la vie dépend presque entièrement de la force de l'intelligence, notre éducation est devenue presque exclusivement intellectuelle. Au lieu de respecter le corps et de négliger l'esprit, nous respectons l'esprit et nous négligeons le corps. Ces points de vue exclusifs sont mauvais l'un et l'autre. Nous n'avons point encore compris cette vérité que, puisque la vie physique est le fondement nécessaire de la vie intellectuelle, l'intelligence ne doit point être développée aux dépens du physique. Les deux conceptions de l'éducation, l'ancienne et la moderne, doivent se combiner ensemble.

Peut-être rien ne contribuera-t-il davantage à hâter le moment où le corps et l'esprit deviendront l'objet d'une égale sollicitude, que la diffusion de cette croyance : que la conservation de la santé est un de nos *devoirs*. Peu de gens paraissent comprendre qu'il existe une chose dans le monde qu'on pourrait appeler la *moralité physique*. Les hommes semblent croire en général qu'il leur est loisible de traiter leur corps comme ils l'entendent. Les maux qu'ils s'attirent par leur rébellion contre les lois de la nature, ils les regardent comme des accidents, non comme les effets de leur conduite plus ou moins blâmable. Quoique les conséquences mauvaises de cette conduite sur ceux qui s'en rendent coupables et sur les générations futures soient souvent aussi funestes que celles du crime, ils ne se croient pas le moins du monde criminels. Il est vrai que, dans le cas de l'ivrognerie, par exemple, on reconnaît ce que la transgression a de vicieux ; mais personne ne paraît en inférer que, si cette transgression des lois de l'hygiène est coupable, toutes les transgressions de même nature le sont également. La vérité est que tout préjudice porté volontairement à la santé est un *péché physique*. Quand on en sera généralement convaincu, alors, mais alors seulement peut-être, l'éducation physique de la jeunesse obtiendra l'attention à laquelle elle a droit.

FIN

TABLE DES MATIÈRES

QUINET (Edgar). **Les révolutions d'Italie.** 1 vol. in-12. 3 fr. 50

REYNALD (H.). **Histoire de l'Espagne**, depuis la mort de
Charles III jusqu'à nos jours. 1 vol. in-12. 3 fr. 50

REYNALD (H.). **Histoire de l'Angleterre**, depuis la reine Anne
jusqu'à nos jours. 1 vol. in-12. 3 fr. 50

THACKERAY. **Les quatre George.** (Études sur la cour et la société
anglaise, (1704-1830.) 1 vol. in-12. 3 fr. 50

LAUGEL. **Les États-Unis pendant la guerre (1861-1865).** 1 vol.
in-12. 3 fr. 50

VÉRON (Eug.). **Histoire de la Prusse**, depuis la mort de Fré-
dérié II jusqu'à la bataille de Sadowa. 1 vol. in-12. 3 fr. 50

GÉOGRAPHIE

BLERZY. **Torrents, fleuves et canaux de la France.** 1 vol. in-32.
60 c.

BLERZY. **Les colonies anglaises.** 1 vol. in-18. 60 c.

CLAMAGERAN. **L'Algérie** (impressions de voyages). 1 vol. in-12.
3 fr. 50

HERBERT BARRY. **La Russie contemporaine.** 1 vol. in-12. 3 fr. 50

OTT (A.). **L'Asie occidentale et l'Égypte.** 1 vol. in-18. 75 c.

LITTÉRATURE ET MORALE

BARNI. **La morale dans la démocratie.** 1 vol. in-8. 5 fr.

BERSOT. **Philosophie de Voltaire.** 1 vol. in-12. 3 fr. 50

PELLETAN. **Royan, la naissance d'une ville.** 1 vol. in-12. 2 fr.

PELLETAN. **Jarousseau, le pasteur du désert.** 1 vol. in-12.
3 fr. 50

QUINET (Edgar). **Correspondance.** Lettres à sa mère. 2 vol. in-12.
7 fr.

QUINET (Edgar). **Histoire de mes idées.** 1 vol. in-12. 3 fr. 50

QUINET (Edgar). **Merlin l'enchanteur.** 2 vol. in-12. 7 fr.

QUINET (Edgar). **Mes vacances en Espagne. — De l'histoire de
la poésie. — Des épopées françaises au XIIe siècle.** 1 vol.
in-12. 3 fr. 50

QUINET (Edgar). **Prométhée** (poème). 1 vol. in-12. 3 fr. 50

ÉCONOMIE POLITIQUE — LÉGISLATION
USUELLE

BAGEHOT. **Lombard-Street, ou le marché financier en Angleterre.**
1 vol. in-12.   3 fr. 50
JOURDAN. **De la justice criminelle en France.** 1 vol. in-18. 60 c.
PARIS (comte DE). **Associations ouvrières en Angleterre (Trade-
Unions).** 1 vol. in 12.   2 fr. 50
SIEGFRIED. **La Misère.** 1 vol. in-12.   2 fr. 50
STANLEY-JEVONS. **L'économie politique (traduction de Gravez).**
1 vol. in-18.   60 c.

SCIENCES

BROTHIER. **Causeries sur la mécanique.** 1 vol. in-18.   60 c.
CATALAN. **Notions d'astronomie.** 1 vol. in-18, avec fig. 60 c.
SECCHI, WOLF et BRIGT. **Les étoiles et les comètes.** 1 vol. in-18,
avec figures.   60 c.
TYNDALL. **Les glaciers et les transformations de l'eau.** 1 vol.
in-8, avec figures.   6 fr.
VOGEL. **La photographie et la chimie de la lumière.** 1 vol.
in-8, avec figures.   6 fr.
BROTHIER. **Histoire de la terre.** 1 vol. in-18.   60 c.
COOKE et BERKELEY. **Les champignons.** 1 vol. in-8, avec fig 6 fr.
FUCHS. **Les Volcans et les tremblements de terre.** 1 vol. in-8,
figures.   6 fr.
QUATREFAGES (DE). **L'espèce humaine.** 1 vol. in-8.   6 fr.
ZABOROWSKI. **L'homme préhistorique.** 1 vol. in-18.   60 c.

*Envoi franco contre un mandat-poste dans toute la
France.*

BIBLIOTHÈQUE UTILE

Volumes in-32 de 190 pages, brochés 60 c. cartonnés
à l'anglaise, 1 fr.

La *Bibliothèque utile*, consacrée à la vulgarisation des connaissances les plus indispensables à l'homme et au citoyen, a publié jusqu'ici les ouvrages suivants :

1. **Morand.** Introduction à l'étude des sciences physiques
2. **Cruveilhier.** Hygiène générale.
3. **Corbon.** De l'Enseignement professionnel.
4. **L. Pichat.** L'Art et les Artistes en France.
5. **Buchez.** Les Mérovingiens.
6. **Buchez.** Les Carlovingiens.
7. **F. Morin.** La France au moyen âge.
8. **Bastide.** Luttes religieuses des premiers siècles.
9. **Bastide.** Les Guerres de la Réforme.
10. **Pelletan.** Décadence de la monarchie française.
11. **Brothier.** Histoire de la Terre.
12. **Sanson.** Principaux faits de la chimie.
13. **Turck.** Médecine populaire.
14. **Morin.** La Loi civile en France.
15. **Zaborowski.** L'homme prehistorique.
16. **Ott.** L'Inde et la Chine.
17. **Catalan.** Notions d'astronomie.
18. **Cristal.** Les Délassements du travail.
19. **V. Meunier.** Philosophie zoologique.
20. **G. Jourdan.** La Justice criminelle en France.
21. **Ch. Rolland.** Histoire de la maison d'Autriche.
22. **Eug. Despois.** Révolution d'Angleterre.
23. **B. Gastineau.** Les Génies de la science et de l'industrie.
24. **Leneveux.** Le Budget du foyer. Economie domestique.
25. **L. Combes.** La Grèce ancienne.
26. **F. Lock.** Histoire de la Restauration.
27. **Brothier.** Histoire populaire de la philosophie.
28. **Elie Margollé.** Les Phénomènes de la mer.
29. **L. Collas.** Histoire de l'empire ottoman.
30. **F. Zurcher.** Les Phénomènes de l'atmosphère.
31. **E. Raymond.** L'Espagne et le Portugal.
32. **Eugène Noël.** Voltaire et Rousseau.
33. **A. Ott.** L'Asie occidentale et l'Egypte.
34. **Ch. Richard.** Origine et fin des mondes.
35. **Enfantin.** La Vie éternelle.
36. **Brothier.** Causeries sur la mécanique.
37. **Alfred Doneaud.** Histoire de la marine française.
38. **F. Lock.** Jeanne d'Arc.
39. **Carnot.** Révolution franç. Pér. de création. 1789 à 1792.
40. **—** **—** Pér. de défense. 1792 à 1804.
41. **Zurcher et Margollé.** Télescope et Microscope.
42. **Blerzy.** Torrents, fleuves et canaux de la France.
43. **Secchi, Wolf et Briot.** Le Soleil et les Etoiles.
44. **Stanley Jevons.** L'Economie politique.

45. **Em. Ferrière.** Le Darwinisme.
46. **Leneveux.** Paris municipal.
47. **Boillot.** Les entretiens de Fontenelle sur la pluralité des mondes.
48. **Zevort (Edg.)** Histoire de Louis-Philippe.
49. **Geikie.** Géographie physique (avec fig.).
50. **Zaborowski.** L'origine du langage.
51. **H. Blerzy.** Les Colonies anglaises.
52. **Albert Lévy.** Histoire de l'air (avec fig.)
53. **Geikie.** La Géologie (avec figures).
54. **Zaborowski.** Les Migrations des animaux et le Pigeon voyageur.
55. **F. Paulhan.** La Physiologie de l'esprit (avec figures).
56. **Zuroher et Margollé.** Les Phénomènes célestes.
57. **Girard de Rialle.** Les peuples de l'Afrique et de l'Amérique.
58. **Jacques Bertillon.** La statistique humaine de la France (naissance, mariage, mort).
59. **Paul Gaffarel.** La défense nationale en 1792.
60. **Herbert Spencer.** De l'éducation.
61. **Jules Barni.** Napoléon Ier.

BIBLIOTHÈQUE D'HISTOIRE CONTEMPORAINE
Vol. in-18 à 3 fr. 50.
Vol. in-8 à 5 et 7 fr. Cart. 1 fr. en plus par vol.; reliure 2 fr.

EUROPE

HISTOIRE DE L'EUROPE PENDANT LA RÉVOLUTION FRANÇAISE, par *H. de Sybel.* Traduit de l'allemand par Mlle Dosquet 3 vol. in-8 .... 21 »
    Chaque volume séparément. 7 »

FRANCE

HISTOIRE DE LA RÉVOLUTION FRANÇAISE, par *Carlyle,* traduite de l'anglais. 3 vol. in-18; chaque volume.......... 3 50
NAPOLÉON Ier ET SON HISTORIEN M. THIERS, par *Barni.* 1 vol. in-18 .... 3 50
HISTOIRE DE LA RESTAURATION, par *de Rochau.* 1 vol. in-18, traduit de l'allemand................................. 3 50
HISTOIRE DE DIX ANS, par *Louis Blanc.* 5 vol. in-8.... 25 »
    Chaque volume séparément .... 5 »
HISTOIRE DE HUIT ANS (1840-1848), par *Elias Regnault.* 3 vol. in-8 .... 15 »
    Chaque volume séparément..................................... 5 »
HISTOIRE DU SECOND EMPIRE (1848-1870), par *Taxile Delord.* 6 volumes in-8 .... 42 »
    Chaque volume séparément...................................... 7 »
LA GUERRE DE 1870-1871, par *Boert,* d'après le colonel fédéral suisse Rustow. 1 vol. in-18................... 3 50
LA FRANCE POLITIQUE ET SOCIALE, par *Aug. Laugel.* 1 volume in-8 .... 5 »

AMÉRIQUE

HISTOIRE DE L'AMÉRIQUE DU SUD, depuis sa conquête jusqu'à nos jours, par *Alf. Deberle*. 1 vol. In-18............... 3 50

HISTOIRE DE L'AMÉRIQUE DU NORD (États-Unis, Canada, Mexique), par *Ad. Cohn*. 1 vol. in-18...... ... (*Sous presse*).

LES ETATS-UNIS PENDANT LA GUERRE, 1861-1865. Souvenirs personnels, par *Aug. Laugel*. 1 vol. in-18............. 3 50

BIBLIOTHÈQUE SCIENTIFIQUE INTERNATIONALE.

Volumes in-8°, cartonnés à l'anglaise. 6 fr. — Les mêmes,
en demi-reliure, veau. 10 francs.

J. TYNDALL. Les glaciers et les transformations de l'eau, avec figures. 1 vol. 2e édition..................... 6 »

MAREY. La machine animale, locomotion terrestre et aérienne, avec de nombreuses fig. 1 vol. 2e édit...... 6 »

BAGEHOT. Lois scientifiques du développement des nations dans leurs rapports avec les principes de la sélection naturelle et de l'hérédité. 1 vol. 4e édition............. 6 »

BAIN. L'esprit et le corps. 1 vol. 3e édition.......... 6 »

PETTIGREW. La locomotion chez les animaux. Marche, vol, natation. 1 vol, avec figures.................. 6 »

SPENCER La science sociale. 1 vol. 4e édit........ 6 »

VAN BENEDEN. Les commensaux et les parasites dans le règne animal. 1 vol., avec fig. 2e édition.......... 6 »

O. SCHMIDT. La descendance de l'homme et le darwinisme. 1 vol, avec figures. 3e édition............. 6 »

MAUDSLEY. Le crime et la folie. 1 vol. 3e édit..... 6 »

BALFOUR STEWART. La conservation de l'énergie, suivie d'une étude sur la nature de la force par *M. P. de Saint-Robert*, avec figures. 1 vol. 3e édition............. 6 »

DRAPER Les conflits de la science et de la religion. 1 vol. 6e édition................................ 6 »

SCHUTZENBERGER. Les fermentations. 1 vol., avec figures 3e édition .... 6 »

L. DUMONT. Théorie scientifique de la sensibilité. 1 vol., avec fig. 2e édition........................... 6 »

WHITNEY. La vie du langage. 1 vol. 2e édition..... 6 »

SUITE DE LA BIBLIOTHÈQUE SCIENTIFIQUE
INTERNATIONALE.

COOKE et BERKELEY. **Les champignons.** 1 vol., avec fig.
2e édition... 6 »
BERNSTEIN. **Les sens.** 1 vol., avec 91 fig. 2e édit..... 6 »
BERTHELOT. **La synthèse chimique.** 1 vol. 3e édit. 6 »
VOGEL. **La photographie et la chimie de la lumière**, avec
95 figures. 1 vol. 2e édition........................... 6 »
LUYS. **Le cerveau et ses fonctions**, avec fig. 1 vol. 4e édi-
tion.. 6 »
STANLEY JEVONS. **La monnaie et le mécanisme de
l'échange.** 1 vol. 2e édition............................ 6 »
FUCHS. **Les volcans.** 1 vol., avec figures dans le texte et
une carte en couleurs, 2e édition..................... 6 »
Général BRIALMONT. **Les camps retranchés et leur rôle
dans la défense des Etats**, avec fig. dans le texte et
2 planches hors texte. 2e édition..................... 6 »
DE QUATREFAGES. **L'espèce humaine.** 1 vol. 5e édition,
1878.. 6 »
BLASERNA et HELMHOLTZ. **Le son et la musique** et *les
Causes physiologiques de l'harmonie musicale.* 1 vol., avec
fig. 2e édition... 6 »
ROSENTHAL. **Les nerfs et les muscles.** 1 vol., avec 75 fig.
2e édition... 6 »
BRUCKE et HELMHOLTZ. **Principes scientifiques des
beaux-arts,** suivis de **L'optique et la peinture,** 39 fig. 6 »
WURTZ. **La théorie atomique** 1 vol. 2e édition..... 6 »
SECCHI (le Père). **Les Etoiles.** 2 vol................ 12 »
JOLY. **L'homme avant les métaux.** 1 vol., avec fig... 6 »
A. BAIN. **La science de l'éducation.** 1 vol......... 6 »
THURSTON. **Histoire des machines à vapeur.** 2 volumes,
avec figures dans le texte et 16 planches hors texte. 12 »
HARTMANN. **Les peuples de l'Afrique.** 1 vol., avec nom-
breuses fig. dans le texte................................ 6 »
HERBERT SPENCER. **Les bases de la morale évolu-
tionniste.** 1 vol... 6 »
HUXLEY. **L'écrevisse,** introduction à l'étude de la zoologie.
1 vol., avec 82 figures dans le texte................. 6 »
DE ROBERTY. **La sociologie.** 1 vol.................. 6 »
ROOD. **La théorie des couleurs.** 1 vol., avec figures.. 6 »

Coulommiers. — *Imp. Paul BRODARD*

www.ingramcontent.com/pod-product-compliance
Ingram Content Group UK Ltd.
Pitfield, Milton Keynes, MK11 3LW, UK
UKHW020149130726
13696UKWH00002B/433